本书为湖南省哲学社会科学基金“2025湖南智造”高职项目2019年度课题
“职教集团实施精准扶贫的策略与机制研究”（项目编号：19YBG004）的研究成果

定向培训:

职业教育在乡村振兴中的发展进路

高树平 著

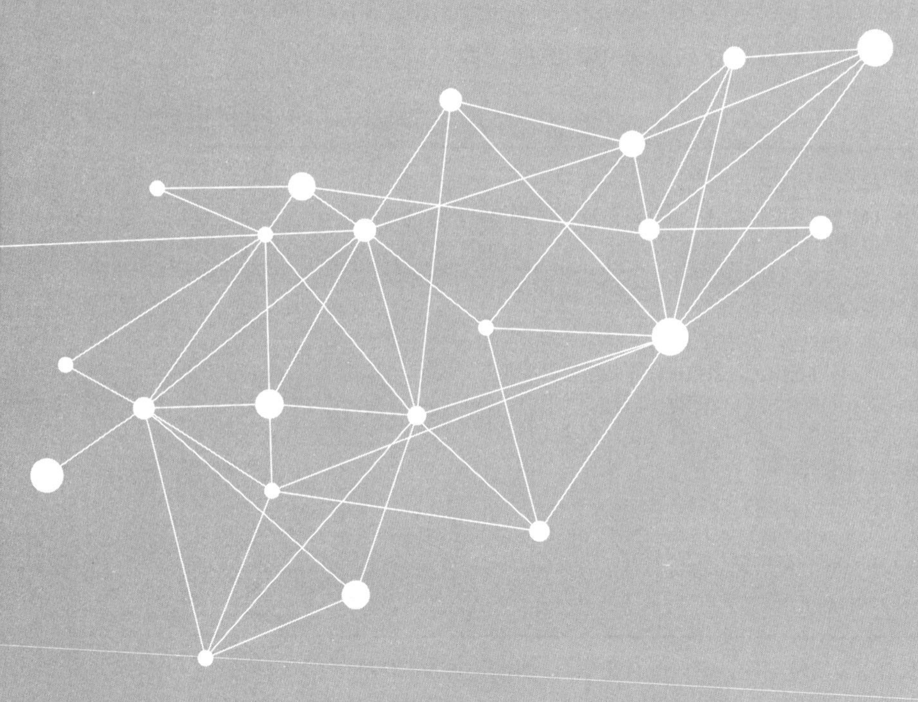

海峡出版发行集团
THE STRAITS PUBLISHING & DISTRIBUTING GROUP
福建教育出版社

图书在版编目（CIP）数据

定向培训：职业教育在乡村振兴中的发展进路/高树平著．—福州：福建教育出版社，2023.6
ISBN 978-7-5334-9664-7

Ⅰ.①定… Ⅱ.①高… Ⅲ.①职业教育—作用—农村—社会主义建设—研究—中国 Ⅳ.①G719.2②F320.3

中国国家版本馆 CIP 数据核字（2023）第 082549 号

Dingxiang Peixun：Zhiye Jiaoyu Zai Xiangcun Zhenxing Zhong De Fazhan Jinlu

定向培训：职业教育在乡村振兴中的发展进路

高树平　著

出版发行　福建教育出版社
（福州市梦山路 27 号　邮编：350025　网址：www.fep.com.cn
编辑部电话：0591-83727542
发行部电话：0591-83721876　87115073　010-62024258）
出 版 人　江金辉
印　　刷　福州凯达印务有限公司
（福州市仓山区建新镇红江路 2 号浦上工业区 B 区 47 号楼）
开　　本　710 毫米×1000 毫米　1/16
印　　张　8.5
字　　数　144 千字
插　　页　2
版　　次　2023 年 6 月第 1 版　　2023 年 6 月第 1 次印刷
书　　号　ISBN 978-7-5334-9664-7
定　　价　29.00 元

目　录

绪　论

一、研究缘起和意义

（一）研究缘起

在我国长期的城乡二元模式发展下，城乡发展差距拉大，乡村成为制约中国特色现代化社会建设的短板。国家实施乡村振兴战略就是要补齐现代化社会整体发展的“乡村短板”，推进农村的现代化发展。我国乡村地域空间差异显著，其中“民族地区的乡村基础设施、教育、产业等发展滞后、自然生态环境脆弱，是乡村振兴战略补短板的主阵地和攻坚区”①。农村地区消灭了绝对贫困，并不意味着贫困的永久性消失，而是创造美好新生活、实现共同富裕新奋斗的起点。与此同时，中西部农村地区部分相对贫困者挣扎在贫困线边缘，仍然面临着较高的返贫困风险，经济发展基础薄弱的地区面临规模返贫风险，相对贫困亟待建立长效治理机制，举全国之力取得的脱贫成果亟待巩固拓展，做好脱贫攻坚与乡村振兴衔接工作迫在眉睫。本研究依托课题，探讨职业培训帮扶和振兴民族地区的逻辑、对象、帮扶与振兴内容及方式，构建政府主导、校企协同联动的职业教育培训精准帮扶与振兴模式，瞄准当地行业产业需要培养“留得住、用得上”的本土化技术技能人才，提升相对贫困者的文化素养和可行能力，促进相对贫困者就业。

---

① 王志远，朱德全．逻辑起点与价值机理：民族地区职业教育服务乡村振兴的行动关照［J］．教育研究与实验，2022（1）：49．

（二）研究意义

研究职业教育服务乡村振兴的发展路向，剖析职业教育服务乡村振兴的实践逻辑与作用机制，构建职业教育服务乡村振兴的模式，不仅拓宽了乡村振兴的研究范围，还丰富了职业教育服务乡村振兴的价值取向、作用机理、发展路径等相关理论研究，具有重要的理论意义。

其一，加快农村地区职业教育发展，提高职业培训质量。农村地区乡村振兴不仅能为职业教育发展提供物质基础和人力支持，还能提供服务农村一、二、三产业融合发展的机遇从而倒逼职业教育提高人才培养质量和扩大培养规模。

其二，提升农村地区人力资本存量，加快乡村群众致富。职业教育能激活农村地区乡村发展的内生动力，促进当地职业教育与培训发展，可以为农村产业发展培养当地特色的技术技能人才和提高人口素质，促进贫困人口脱贫、区域产业发展。

其三，促进乡村振兴，缩小城乡差距，有利于城乡融合发展。探究如何发挥职业服务乡村振兴的功能及其行动逻辑、实现路径，构建职业教育服务乡村振兴的具体模式，培养高素质的乡村振兴人才，传承乡土文化，促进乡村特色化发展。

其四，丰富职业教育治理相对贫困、职业教育服务乡村振兴相关理论研究。本研究诠释相对贫困的内涵，从不同维度分析相对贫困的致贫原因和探究治理路径。结合城乡融合发展时代背景，探究巩固拓展脱贫成果对接乡村振兴背景下职业教育服务民族地区乡村振兴的价值取向、逻辑机理、作用机制等，为职业教育服务乡村振兴实践提供理论参考与借鉴，进一步丰富职业教育服务乡村振兴相关理论研究。

二、国内外研究发展现状

（一）国外研究现状

1. 相对贫困的内涵研究

英国著名学者彼得·汤森（Peter Townsend）较早研究相对贫困，他在著作《英国的贫困》中提出“贫困问题的解决不能停留在基本需要的满足上，一个社会性的人和他们的家庭没有资源，不能参加一般人觉得是很普通的社会活动，便是相对贫困”[①]。在彼得·汤森看来，相对贫困是一种通过参照普通群体测量的资源贫瘠程度，体现为权利的“相对被剥夺”，为此应从社会视角定义相对贫困，即个人、家庭和群体缺乏足够的资源获得社会习惯的或至少广泛认可的饮食、活动、生活条件及设施的一种状态[②]。诺贝尔经济学奖获得者阿马蒂亚·森（Sen，A.）从权利相对剥夺的角度，提出相对贫困不仅包括收入贫困，还包括穷人在进入市场、教育与健康等方面的社会权利被相对剥夺[③]，此外相对贫困还具有贫困的内核。从社会教育审视贫困，将其内涵维度从经济收入扩展至教育、健康以及其他权利等维度。在马尔科姆·吉利斯（Malcolm Gillis）看来，贫困不完全是就绝对意义上的生活水平而言的，它的真正基础在心理上[④]，进一步指出思想观念贫困是贫困的真正根源。

2. 相对贫困识别的研究

贫困是一个动态发展的概念，衡量贫困的标准随着社会发展而动态变化。如联合国开发计划署（UNDP）和世界银行（IBRD）把贫困识别作为衡量人类发展的一个指标，从而推动贫困的测量指标及方法的不断创新发展。但是，国外学术界以及政府部门对相对贫困的识别标准并未达成共识，多数情况下参照平均收入或收入中位数的比例来识别或测量相对贫困及程度。2010 年，欧盟委员会确定欧盟国家采用收入中位数的 60%、同时将中位数的 40%和 50%作为识别相对贫困的参照标准（Van Vliet and Wang，2015）[⑤]，而 IBRD 以平均收入的三分之一作为相对贫困线[⑥]。关于相对贫困指标体系的建构，牛津大学贫困与人类发展中心（Oxford Poverty and Human Development Initative，简称 OPHI）的阿科尔（Alkire，S.）和福斯特（Foster，J.）在森的权利剥夺理论

---

① 关信平. 社会政策概论［M］. 北京：高等教育出版社，2004：393.

② Peter Townsend. Poverty in the United Kingdom［M］. London：Penguin，1979，31.

③ Anand，S. &Sen，A. Concepts of Human Development and Poverty：A Multidimensional Perspective［A］. Poverty and Human Development：Human Development Papers［C］. New York：1997，4—11.

④ ［美］马尔科姆·吉利斯，德怀特·帕金斯，等. 发展经济学［M］. 北京：经济科学出版社，1989：103.

⑤ Van Vliet，O. and C. Wang. Social Investment and Poverty Reduction：A Comparative Analysis across Fifteen European Countries［J］. Journal of Social Policy，2015（3）：611—638.

⑥ 左停，贺莉，刘文婧. 相对贫困治理理论与中国地方实践经验［J］. 河海大学学报（哲学社会科学版），2019（06）：1—9.

基础上，构建了涵盖健康、教育和生活水平三个维度的全球多维贫困指数（Global Multidimensional Poverty Index，简称 MPI）①。威斯康星大学麦迪逊分校的贫困研究所（Institute for Research on Poverty at UW-Madison，简称 IRP）的迪洪德（Dhongde，S.）和哈夫曼（Haveman，R.）两位学者构建了包括健康（残疾状况）、教育（接受高中以上教育状况）、生活水平（住房支出占收入比重）、经济保障（健康保险）、社交状况（英语流畅程度）和居住质量（住所人口密度）在内的六个维度贫困测度指标体系②。OPHI 和 IRP 均将教育作为测度多维贫困的重要指标维度之一，强调教育之于贫困识别及治理的指标性意义。汤森构建了包括饮食、衣服、燃料照明、家庭设施、住房条件、便利环境、工作条件、家庭支持、休闲活动、教育、健康、社会关系等在内的社会剥夺指数，并应用其测量英国的相对贫困发生率，为欧盟和 OECD 国家所广泛采用。在建构相对贫困识别指标体系时，大多数学者遵循演绎—归纳模式，通过界定贫困的概念，然后依据贫困概念遴选贫困的指标，结合测量的对象的可测性，确定测量的指标及指数。

3. 相对贫困治理的相关研究

英国 K．约瑟夫（Keith Joseph）等为代表的剥夺循环论认为，要解决贫困问题首先就要消除穷人中世代相传的剥夺因素，终止他们的贫困循环。瓦伦丁（C. Verlinden）等贫困处境论认为，治理贫困的重点应放在改造贫困的经济条件方面。阿尔柯克（Peter Alcock）则认为："理解贫困的首要任务是界定贫困，我们必须首先知道贫困是什么，然后才能着手衡量贫困，才能着手减轻贫困。"③ 欧盟以及美国等国家更多是关注相对贫困的识别和统计，并未将相对贫困纳入贫困治理范围。此外，还有从社会学角度分析贫困形成的人口增长贫困论、贫困结构论以及从区域经济均衡分析贫困角度形成的平衡增长论等。

4. 国外乡村现代化相关研究

我国乡村振兴战略本质上是中国式的乡村现代化，从传统农业走向全面的现代化。国外关于农业农村现代化研究比较丰富，从只关注经济增长到关注社

---

① Alkire，S. &Foster，J. Counting and Multidimensional Poverty Measurement [J]. Journal of Public Economics，2011，95.

② Dhongde，S. &Haveman，R. A Decade－Long View of Multidimensional Deprivation in the United States [Z]. IRP Discussion Paper，2019，4－6.

③ Peter Alcock，Understanding Poverty [M]. London：Macmillan Press，1997，67.

会、生态等非经济因素对现代化进程的影响，如以人的现代化理论为代表的英克尔斯（Inkeles，A.）提出，人的现代化是社会现代化得以实现的先决条件，并指出现代人应具有的12项基本特征。西方国家普遍使用立法、政策等手段发挥职业教育在乡村现代化中的基础作用，普遍建立农民资格证书制度，强制规定农民职业群体的门槛要求和职业属性。如德国、法国、日本等通过立法保障农村职业教育体系的人、财、物的供给、开设涉农专业课程，以培养农村、农业发展所需的实用技能人才。日本立法规定农场主必须经过正规职业培训，取得职业资格证书方可获得农牧场经营权。美国建立了以《莫雷尔法案》为基础支撑、与时俱进的农民教育与培训的法律体系，让职业农民的培育在法律框架内运行。关于全科职业农民教育，西欧国家采用实用技能、信息化手段与严格考核有机结合的渗透式职业教育，如德国职业农民最典型特征的“双元制”；北美国家采用农业教育、科学研究和技术推广为一体的产教融合型职业教育，以及澳大利亚供需耦合型的职业农民培育模式。

（二）国内研究现状

1. 相对贫困治理研究

近年来，相对贫困研究文献逐年增加，研究主题涉及特定群体（如灵活就业人员、农民工、流动人口）相对贫困①、农村相对贫困、“工作贫困”等。已有研究主要研究相对贫困的内涵、识别及其治理路径，学术界对“脱贫攻坚任务完成以后，我国贫困问题并不会由此终结，相对贫困问题将长期存在”已达成普遍共识，但是相对贫困的元研究比较少，相对贫困的内涵及识别标准尚未达成共识。目前，学术界和实践部门对相对贫困的理解仍然较为模糊，甚至存在认识误区。

关于相对贫困概念的研究。学术界主要从社会生活视角和对比绝对贫困视角研究相对贫困的概念，一种代表性的观点把相对贫困的内涵从生理需要、经济收入视角拓展到社会整体生活参照对比，将其定义为相对于社会平均生活水准而处于较低水平的一种境况②；另一种代表性的观点主要把相对贫困与绝对

---

① 杨帆，庄天慧．父辈禀赋对新生代农民工相对贫困的影响及其异质性［J］．农村经济，2018（12）：115－122.

② 杨菊华．后小康社会的贫困：领域、属性与未来展望［J］．中共中央党校国家行政学院学报，2020（1）：111－119.

贫困的“贫困”程度做对比，绝对贫困是“真的”贫困，相对贫困是“比较”贫困（相比较为富裕的情况），两者是一个“先后阶段性”的概念[①]；此外还有学者从我国当下社会主要矛盾视角定义相对贫困，将其理解为人民对美好生活的期待与实现美好生活的可行能力之间的差距[②]，后扶贫时代工作必将涉及区域之间和城乡之间的发展不平衡问题，触及我国社会贫富差距缩小问题[③]。由上可知，相对贫困侧重于与社会生活参照对比的“相对性”和伴随生活必需品内涵扩展后的“多维度”，关注相对贫困者的主观贫困感的感知。

关于相对贫困治理理念研究。从相对贫困治理的理念方面研究，相对贫困治理理念呈现多元化，如：相对贫困治理价值取向是为追求缩小社会贫困差距、治理收入不平等的收入分配取向，政府干预和改善社会收入分配结构[④]；抑或通过经济增长解决不平等问题的发展取向，我国减贫取得巨大成效的一个主要原因得益于改革开放以来的长期经济增长，经济长期增长普遍提高了人们的经济收入[⑤]；还是向在贫困线挣扎的相对贫困者提供社会保障和机会的兜底取向，农村中位低保标准仍稍低于极端贫困线，城镇中位低保标准只达到中等偏低收入贫困线的 90%[⑥]，一旦提高贫困线，则将有大量人口处于绝对贫困境况，聚焦“贫困”内核，保障其基本生存发展；实现相对贫困治理学术逻辑、社会逻辑与政策逻辑的平衡融合，在行政部门采用明确执行、可操作的治理行动范围内，合理吸收科学严谨的学术观点，同时注重向社会宣讲相对贫困治理政策[⑦]。从相对贫困治理取向的分歧可知，关于相对贫困的概念内涵的认知影响了相对贫困治理的理念取向；相对贫困治理应在经济增长中改善优化社会收入分配结

---

① 左停，贺莉，刘文婧．相对贫困治理理论与中国地方实践经验［J］．河海大学学报（哲学社会科学版），2019（6）：1－9．

② 贾玉娇．2020 年后相对贫困治理应关注的重点［J］．人民论坛，2021（5）：16－19．

③ 马建富，刘颖，王婧．后扶贫时代职业教育贫困治理：分析框架与策略选择［J］．苏州大学学报，2021（1）：48－54．

④ 顾海英．新时代中国贫困治理的阶段特征、目标取向与实现路径［J］．上海交通大学学报（哲学社会科学版），2020（12）：28－34．

⑤ 陈济冬，曹玉瑾，张也驰．在持续稳定增长中减贫：我国的减贫历程与经验启示［J］．改革，2020（6）：114－124．

⑥ 据民政部城乡低保标准与世界银行贫困线数据统计。数据来源：2019 年民政事业发展统计公报［EB/OL］．https://images3. mca. gov. cn/www2017/file/202009/1601261242921. pdf.

⑦ 贾玉娇．2020 年后相对贫困治理应关注的重点［J］．人民论坛，2021（5）：16－19．

构，在关注相对贫困者基本发展权的同时，保障挣扎在贫困线边缘群体的基本生存权，提供社会安全保障。

关于相对贫困治理的策略研究。关于职业教育多主体治理相对贫困策略研究主要涉及帮扶作用机理、帮扶模式构建、省域职教集团帮扶协作、具体措施等。叶兴庆和殷浩栋从宏观层面提出相对贫困治理思路，建议按中位收入比例法制定相对贫困线，依据效能原则构建城乡统一的减贫体制，建立包括以基本公共服务均等化为基础的防贫政策、发展型低收入群体救助政策、有利于低收入群体增收的产业政策，以及推动欠发达地区发展的区域政策的缓解相对贫困的政策体系①。在后扶贫时代，我国减贫事业工作重心转向相对贫困和多维贫困治理，职业院校需要重新审视现行的帮扶方式，从教育、技术和文化、社会福利等多维度综合思考反贫困和阻止返贫的具体路径②。当前教育精准扶贫中存在着目标悬浮、技术化治理与可持续性发展缺失三重困境③，职业教育在相对贫困治理中，建设反贫困文化，激发贫困群体内生动力，促进贫困群体人力资本积累，可以采取构建城乡融合的职业教育治理体系、建立面向弱势群体的职业教育培训制度、基于大数据手段设计培训方案、根除消极的贫困接纳文化等策略④，相对贫困治理长效机制、城乡有效融合发展、乡村振兴与缩差共富是相对贫困治理的实现路径⑤。以志智双扶为重点解决农村相对贫困人口发展能力之“困”，通过积极扶志提高相对贫困主体的脱贫意愿，教育扶智提高相对贫困主体的脱贫能力。为了保障职业教育深入参与相对贫困治理，职业教育需要借鉴绝对贫困治理积累的经验与不足，转变扶贫内容方式、注重精神帮扶、调整人才培养定位、满足区域经济发展需要、加大职业教育资源投入、提升职

---

① 叶兴庆，殷浩栋．从消除绝对贫困到缓解相对贫困：中国减贫历程与2020年后的减贫战略［J］．改革，2019（12）：5－15．

② 谢元海，马会勤，梁胜男．后扶贫时代的职业教育反贫困行动路向：人才、技术与文化［J］．中国职业技术教育，2021（11）：76－88．

③ 刘世清．目标悬浮、技术化治理与可持续性缺失——后扶贫时代教育精准扶贫如何继续前行［J］．南京社会科学，2021（5）：146－153．

④ 马建富，刘颖，王婧．后扶贫时代职业教育贫困治理：分析框架与策略选择［J］．苏州大学学报，2021（1）：48－54．

⑤ 顾海英．新时代中国贫困治理的阶段特征、目标取向与实现路径［J］．上海交通大学学报（哲学社会科学版），2020（12）：28－34．

业教育质量[①]。

关于多主体治理职业教育相对贫困的机制研究。国内有关相对贫困治理机制研究主要涉及治理主体、治理机制存在的问题、如何构建机制等内容。我国减贫事业从举全国之力的脱贫攻坚战转向了常规化治理相对贫困的持久战，在建立治理相对贫困长效机制观点上达成了共识。关于相对贫困治理主体方面，针对职业教育帮扶存在帮扶对象“边缘化”、帮扶主体“单一化”等问题，提出明确多元反贫困实践主体、产教协同联动扶贫、构建反贫困教育共同体等建议，如多元主体联动以形成合力，充分发挥党的“领导力”、政府“主导力”、市场“源动力”、社会“驱动力”和农民“主体力”，建立多元主体协同治理的整体性机制[②]，逐渐形成领导主体、教育主体、社会主体与效用主体合力推进职业教育精准扶贫的治理格局。针对多主体精准扶贫机制还不够健全，保障机制还不够完善，缺乏监督、评价机制，部分相对贫困者“志智”缺乏等问题，构建教育扶贫与乡村振兴组织协同一体化贫困治理体系[③]，从调整扶贫战略、界定相对贫困帮扶标准、完善帮扶机制、强化制度保障、完善返贫监测机制等维度构建相对贫困治理的长效机制[④]，长效教育脱贫框架机制的效能真正发挥的前提是关注相对贫困者的综合素养提升[⑤]。为进一步优化相对贫困治理体系，需要加强制度供给，创新完善预防脱贫人口返贫机制、相对贫困治理与乡村振兴战略衔接机制、支出型贫困家庭帮扶机制、救助型城乡社会保障机制、反贫困共同体协同治理机制[⑥]。

综上所述，关于脱贫地区职业教育治理相对贫困的研究，国内外学者做了一些有益的探索，奠定了一定的研究基础。国内外关于相对贫困的已有研究，

---

① 许宇飞，罗尧成. 后精准扶贫时代职业教育参与相对贫困治理的缘起、效能及推进策略［J］. 教育与职业，2021（4）：5－11.

② 王国敏，何莉琼. 巩固拓展脱贫攻坚成果与乡村振兴有效衔接——基于“主体—内容—工具”三维整体框架［J］. 理论与改革，2021（3）：56－66.

③ 戴妍，陈佳薇. 民族地区教育扶贫与乡村振兴耦合协调度及其影响因素——基于省级面板数据的实证分析［J］. 民族教育研究，2021（6）：66－74.

④ 杜庆昊. 相对贫困治理的理论释义与机制构建［J］. 长白学刊，2021（3）：64－71.

⑤ 李炜炜，等. 后扶贫时代教育扶贫的角色转换与行动逻辑［J］. 中国高等教育，2020（23）：46－48.

⑥ 付秋海，何玲玲. “后扶贫时代”贫困治理体系的构建与优化——基于国家治理现代化逻辑视角的分析［J］. 湖南行政学院学报，2020（4）：112－119.

主要从理论上回到了相对贫困是什么、如何看待、怎样治理的问题，为 2020 年后治理相对贫困提供了理论基础。然而职业教育治理相对贫困仍存在以下亟待深入研究之处：其一，目前大多数文章探讨论证职业教育、多主体开展精准扶贫的重要性、必要性，而且大都停留在理论探讨层面，很少通过理论与实证相结合的方式探究多主体精准扶贫的作用机理，不利于多主体协同深入扶贫。其二，关于职业教育多主体治理相对贫困理论研究的相关成果并不多见，研究不够深入，定性多于定量，相对贫困治理缺乏理论指导。虽然部分研究以案例研究形式呈现了多主体治理相对贫困路径，但是多主体协作治理相对贫困的作用机理研究不够系统化，对多主体治理相对贫困的实施框架、路径的研究还不够深入，限制了推广应用价值。其三，职业教育治理相对贫困的路径研究比较多，专门针对多主体治理相对贫困的相关研究却很少见。其四，职业教育多方协同联动的相对贫困帮扶机制不完善，区域职业教育帮扶难实现协同发展，应建立多方联动的帮扶机制，调动政、行、企、校等多方力量。

2. 民族地区职业教育发展研究

关于民族地区职业教育发展现状。民族地区职业教育虽然取得显著进展，但在教育全局中仍然相对滞后，仍然是民族地区发展的短板①。我国职业院校在持续深化面向农村的职业教育供给侧改革、为农村发展培养专业人才、探索涉农专业科研创新与技术积累、服务城镇化和乡村振兴国家战略等方面成绩显著②。在国家脱贫攻坚战略大力支持下民族地区职业教育取得了一些发展成效，“三区三州”的职业学校办学基本条件明显改善、职业教育与培训能力显著提升、东西协作及对口支援提升了职业教育质量、职业学校不断探索匹配本地社会经济需求的专业布局、职业培训提升了劳动力转移就业的水平及规模③。职业院校布局调整和专业结构优化，有力支撑地方区域经济社会发展，健全了德技并修育人机制，全面提升了中等职业学校办学达标率，职业培训管理体制和工作机制理顺，培训的扶贫精准度和成效提高④。全国涉农高职院校 54 所，民

---

① 管培俊. 民族地区同步小康与职业教育的使命 [J]. 教育研究，2018 (2)：4—9.

② 刘亚西，陈沛酉. 职业教育助力乡村发展的实践回溯与愿景前瞻 [J]. 教育与职业，2022 (1)：5—12.

③ 张劲英，陈嵩. “后脱贫时代”职业教育如何行稳致远——“三区三州”职业教育发展现状与未来展望 [J]. 教育发展研究，2021 (11)：1—8.

④ 胡炜. 职业教育在民族地区发展的成效与展望 [J]. 中国民族教育，2021 (6)：25—28.

族地区有11所农林类高职院校，涉农专业开设方面存在开设数量较少、同质化明显、创新发展不足等问题，与农村新产业、新技术融合发展不够[①]。

关于民族地区职业教育发展问题研究。民族地区职业教育发展存在办学目标导向模糊、简单移植套用普通教育办学模式、人才供给不足、人才供给与市场需求差距较大、产教疏离、民族地区职业教育中学历教育与非学历教育比例的失衡[②]；民族地区职业教育服务经济发展类型结构单一[③]，人才流失严重、辍学率居高不下[④]；“千校一面”“专业趋同”，专业设置“城市化倾向”[⑤]；涉农职业院校及专业不足、职校数量减少及学生流失严重等问题，脱离民族社会实际、忽视民族地区的特色[⑥]；边境民族文化与课程教学内容割裂、多元主体未能与农村职业教育形成协同育人机制[⑦]；民族地区“双师型”教师比例低、专任教师数量少，人才培养难适应未来产业结构升级[⑧]；职业教育产教融合实践中面临内在动力难以激发、价值认同缺失、能力与目标双重滞后等诸多困境[⑨]。民族地区中职学校数量以及在校生数量也呈现出递减趋势，以2016—2019年期间为例，民族地区[⑩]中等职业学校（机构）数量减少了92所，如在一个培养周年

---

① 朱德全，熊晴. 民族地区职业教育服务乡村振兴——基于系统耦合的立体性分析框架［J］. 南京师大学报（社会科学版），2021（4）：13－22.

② 乔云霞，李峻. 论乡村振兴背景下民族地区职业教育的高质量发展［J］. 职业技术教育，2022（6）：33－39.

③ 巩红冬，鲍嵘. 空间正义视角下的职业教育民族文化传承功能及其发挥［J］. 重庆高教研究，2019（3）：39－48.

④ 林克松，沈家乐. 乡村振兴与人才流失：贫困县域职校学生“城市就业”的推拉效应［J］. 当代职业教育，2020（1）：21－26.

⑤ 李久军，巴登尼玛. 职业教育赋能民族地区乡村人才振兴的四个维度［J］. 民族教育研究，2021（6）：94－99.

⑥ 彭敏. 后扶贫时代民族地区职业教育发展的战略转型与推进策略［J］. 民族教育研究，2021（1）：89－94.

⑦ 李丽，杨如安. 乡村振兴背景下边境民族地区农村职业教育的困境与路径［J］. 云南师范大学学报（哲学社会科学版），2020（4）：111－119.

⑧ 马君，杨文杰. 西部地区职业教育40年：成就、问题与展望［J］. 教育与职业，2019（4）：5－12.

⑨ 高岳涵，刘向梅. 民族地区职业教育产教融合的现实困境与优化路径［J］. 民族教育研究，2022（2）：153－159.

⑩ 此处民族地区指民族八省区，包括内蒙古自治区、广西壮族自治区、贵州省、云南省、西藏自治区、青海省、宁夏回族自治区、新疆维吾尔自治区。

内，中职平均流失约22.72万人①。刘荣鹏通过对贵州省黔南2个民族自治州4县5所职业学校调研，发现民族地区职业教育发展存在学生对职业教育认识片面、课外实践机会少、学校教学条件差、部分教学设施设备老旧、教师教学水平有待提高、学生就业面窄等问题②。

关于民族地区职业教育发展路径研究。针对民族地区职业教育发展面临的诸多困境和问题，需要整体规划协调，政府、企业、学校、社会形成合力，通过区域协作、跨地域校企合作③，重构组织形态，以利益共享激发融合动力④；引导学生树立正确的教育价值观和学习信心，改进人才培养模式增加投入，提高办学条件⑤；转型发展民族地区职业教育，政府优化完善政策供给、职业院校深度融入民族地区社会治理体系⑥；在民族地区成立“乡村振兴学院”“特色产业发展学院”，将民族传统文化和地方特色融入到职业教育教学全过程，形成“民族文化认同—民族人才培养—民族产业发展”良性循环的人才培养模式⑦。为促进民族地区职业教育的地方性完善，培养民族地方实用人才、强化职业教育民族色彩、联系民族地区实际办学⑧。精准定位边境民族地区农村职业教育在地化人才培养目标，动态优化职业教育特色型专业结构布局，深度开发职业教育优质性课程教学资源，协同共建边境民族地区农村职业教育共同体⑨。通过价值引领、空间协调、内涵发展等路径推进民族地区职业教育改革，明晰发

---

① 相关数据整理自中华人民共和国教育部官方网站“各级各类学历教育学生情况”“中等职业学校（机构）数”“中等职业学校（机构）学生数”。

② 刘荣鹏. 贵州民族地区职业教育发展现状分析及对策研究 [J]. 黔南民族师范学院学报，2018 (6)：65—77.

③ 管培俊. 民族地区同步小康与职业教育的使命 [J]. 教育研究，2018 (2)：4—9.

④ 高岳涵，刘向梅. 民族地区职业教育产教融合的现实困境与优化路径 [J]. 民族教育研究，2022 (2)：153—159.

⑤ 刘荣鹏. 贵州民族地区职业教育发展现状分析及对策研究 [J]. 黔南民族师范学院学报，2018 (6)：65—77.

⑥ 彭敏. 后扶贫时代民族地区职业教育发展的战略转型与推进策略 [J]. 民族教育研究，2021 (1)：89—94.

⑦ 杨磊，朱德全. 民族地区职业教育与乡村振兴耦合机制研究 [J]. 西南大学学报（社会科学版），2021 (5)：141—149.

⑧ 张小梨. 少数民族地区职业教育的地方性完善 [J]. 贵州民族研究，2019 (3)：233—236.

⑨ 李丽，杨如安. 乡村振兴背景下边境民族地区农村职业教育的困境与路径 [J]. 云南师范大学学报（哲学社会科学版），2020 (4)：111—119.

展价值定位，提升东西部协作力度，促使职业性与民族性高度融合，提高师资队伍教育教学水平①。为进一步促进民族地区职业教育高质量发展，加强顶层设计、落实以人为本、依托村镇经济、嵌合乡土文化，推动职业教育质量变革②。

3. 脱贫攻坚衔接乡村振兴研究

脱贫攻坚与乡村振兴的有效衔接是党和国家为实现乡村现代化发展、缩小城乡差距做出的战略部署，为乡村发展提供了新的机遇与挑战。2020年后，后脱贫时代与乡村振兴战略背景下，乡村“五位一体”发展与振兴任务复杂而艰巨。脱贫攻坚与乡村振兴衔接正处于由顶层设计转向分类施策的过渡期，目前尚缺乏供执行的政策体系。学术界主要研究脱贫攻坚与乡村振兴衔接的关系、逻辑机理、衔接路径及策略等方面，从实践角度探究两者衔接的政策执行机制及衔接路径仍处于起步研究阶段。关于两大战略的衔接路径研究比较多，而在分析两者衔接的困境和实践逻辑基础上，从微观层面有针对性地提出衔接机制和路径的研究比较少。

关于脱贫攻坚与乡村振兴关系研究。脱贫攻坚与乡村振兴是党和国家针对不同时期的贫困问题所做出的阶段性战略部署，两者既紧密联系，又各有侧重③。一种代表性的观点认为，两大战略之间是并排的承续关系。如脱贫攻坚重在消除绝对贫困，在消除绝对贫困之后开始全面推进乡村振兴，巩固脱贫攻坚成果，治理相对贫困，实现乡村现代化，缩小城乡差距④，两者在目标任务和时间上有交叉和承接关系。乡村振兴以脱贫攻坚成果为基础，进一步深化“三农”工作重点，以实现农业农村现代化为总目标，在消除绝对贫困的前提下，化解中国现阶段发展不平衡、不充分的主要矛盾，巩固脱贫攻坚成果，缓解发展过程中必然出现的相对贫困问题，到2050年，实现乡村全面振兴和社会

① 林克松，曹渡帆．“十四五”时期民族地区职业教育振兴发展的基本思路［J］．民族教育研究，2021（1）：82－88.

② 乔云霞，李峻．论乡村振兴背景下民族地区职业教育的高质量发展［J］．职业技术教育，2022（6）：33－39.

③ 杜尚荣，朱艳，游春蓉．从脱贫攻坚到乡村振兴：新时代乡村教育发展的机遇与挑战［J］．现代教育管理，2021（5）：1－8.

④ 王亚华．乡村振兴“三步走”战略如何实施［J］．人民论坛，2018（10）：72－74.

主义现代化①。另一种代表性的观点认为，两大战略之间是互涵式关系。例如脱贫攻坚与乡村振兴具有内容共融、作用互构和主体一致为表征的互涵式关系，推进乡村振兴可以借鉴脱贫攻坚的经验②。乡村振兴在协调城乡资源帕累托最优过程中强化了脱贫的内生动力，而脱贫攻坚弥补了乡村振兴的短板，两者是相互协调、相互促进的关系③。巩固脱贫攻坚成果是乡村振兴战略的物质基础和基本保障，乡村振兴战略工作内容包含了脱贫攻坚任务④。此外有研究采用实证方式探究两大战略之间的关系，如戴妍等以民族八省（区）为研究对象，以2014—2019年省级面板数据为模型计算依据，采用耦合协调度模型测算教育扶贫系统与乡村振兴系统的耦合协调度，发现教育扶贫对乡村振兴的促进作用存在"滞后影响效应"，乡村振兴对教育扶贫的影响和推动作用也未能有效发挥出来⑤。概言之，脱贫攻坚与乡村振兴是国家治理农村农业农民问题的战略布局和优化配置时空禀赋资源的政策安排，两者在时间上有接续衔接关系，在空间上有交叉重叠关系，在内容上包含补充促进，指向美好生活的远景。

关于脱贫攻坚与乡村振兴衔接的逻辑研究。推进两大战略衔接，厘清两大战略衔接的逻辑是一项首要任务。部分学者从两大战略内涵的共性与差异、联系与区别方面分析衔接的内在逻辑，如某学者提出脱贫攻坚与乡村振兴之间存在目标相通、内容共融、主体一致、体制互促等共同点，以及优先任务与顶层设计、特定群体与普惠支持、微观施策与整体谋划、绝对贫困与相对贫困等差异点⑥。汪三贵等认为两者同是实现我国农业农村现代化、农民生活富裕的战略任务，具有较强的内在联系和承接关系，从时间、目标、重点、总要求，对

---

① 汪三贵，冯紫曦. 脱贫攻坚与乡村振兴有机衔接：逻辑关系、内涵与重点内容［J］. 南京农业大学学报（社会科学版），2019（5）：8—14.

② 豆书龙，叶敬忠. 乡村振兴与脱贫攻坚的有机衔接及其机制构建［J］. 改革，2019（1）：19—29.

③ 庄天慧，孙锦杨，杨浩. 精准脱贫与乡村振兴的内在逻辑及有机衔接路径研究［J］. 西南民族大学学报（人文社科版），2018（12）：114.

④ 闫旭. 脱贫攻坚与乡村振兴的内在逻辑及衔接路径研究［J］. 南方农机，2021（10）：108—111.

⑤ 戴妍，陈佳薇. 民族地区教育扶贫与乡村振兴耦合协调度及其影响因素——基于省级面板数据的实证分析［J］. 民族教育研究，2021（6）：66—74.

⑥ 高强. 脱贫攻坚与乡村振兴有机衔接的逻辑关系及政策安排［J］. 南京农业大学学报（社会科学版），2019（5）：15—23.

象、贫困瞄准等方面分析了两大战略的区别与联系①。还有一部分学者从多维视角分析两大战略的衔接逻辑，例如章文光从任务、范畴、时间维度解读两大战略衔接的逻辑关系，发现精准扶贫是首要任务，乡村振兴是深化和保障；前者解决绝对贫困，实现全面小康，立足2020年时间节点，后者解决相对贫困，实现共同富裕，立足2050年时间节点②。此外有学者超越字面概念认知，从深层内涵上分析两大战略的衔接逻辑。例如徐晓军等从两者的战略定位着手，从政策指向、主体、产业发展、文化建设四个维度提出“特惠定制”面向“全民普惠”、“特困群众帮扶”转向“精英培植”、“快速脱困”定位“可持续发展”，聚焦更高标准“乡风文明”的逻辑转换③。

关于脱贫攻坚衔接乡村振兴的路径研究。大多数研究主要分析两大战略衔接的必要性及意义，分析衔接逻辑或衔接困境，然后从宏观层面提出衔接路径及策略。脱贫攻坚与乡村振兴有效衔接中面临乡村振兴的政策目标对象更大、两者关于区域平衡方面的差异大、治理体系转化难、脱贫地区政策衔接难、不同群体关于政策诉求的兼顾及处理难等问题④，而两大战略衔接障碍源于乡村振兴的整体性、长期性与脱贫攻坚的局部性、紧迫性之间的客观差异⑤。正视脱贫攻坚与乡村振兴的共性和差异，着重做好观念、规划、政策和体制机制等方面的调整和衔接⑥，目标与规划衔接是两大战略衔接的实质举措。在任务目标、体制机制和政策内容等方面进行有机衔接⑦，把防止再度返贫问题放在首要位置，激发已脱贫人口内生动力、开展扶贫与扶志、扶智行动，建立健全返

---

① 汪三贵，冯紫曦. 脱贫攻坚与乡村振兴有机衔接：逻辑关系、内涵与重点内容［J］. 南京农业大学学报（社会科学版），2019（5）：8－14.

② 章文光. 精准扶贫与乡村振兴战略如何有效衔接［J］. 人民论坛，2019（04）：106－107.

③ 徐晓军，张楠楠. 乡村振兴与脱贫攻坚的对接：逻辑转换与实践路径［J］. 湖北民族学院学报（哲学社会科学版），2019（6）：101－108.

④ 左停. 脱贫攻坚与乡村振兴有效衔接的现实难题与应对策略［J］. 贵州社会科学，2020（1）：7－10.

⑤ 徐晓军，张楠楠. 乡村振兴与脱贫攻坚的对接：逻辑转换与实践路径［J］. 湖北民族学院学报（哲学社会科学版），2019（6）：101－108.

⑥ 张赛群. 精准扶贫与乡村振兴战略：内在关联和有效衔接［J］. 武汉科技大学学报（社会科学版），2021（2）：188－193.

⑦ 张永丽，高蔚鹏. 脱贫攻坚与乡村振兴有机衔接的基本逻辑与实现路径［J］. 西北民族大学学报（哲学社会科学版），2021（3）：139－147.

贫风险防控长效机制，做好产业规划布局等，为乡村振兴提供基础保障①。

部分学者从微观层面探究两大战略衔接的具体实现路径，从脱贫攻坚的“五个一批”对接乡村振兴的“五位一体”振兴。例如高强认为脱贫攻坚与乡村振兴有效衔接的直接体现在于微观政策的转移接续②，推动精准扶贫与乡村振兴实现高效衔接，需重点在组织领导、产业支撑、人才培育、文化建设、生态治理等方面创新工作举措③，必须处理好分配矛盾问题以促进平等共享、构建脱贫后续可持续的发展机制④，重点聚焦于脱贫攻坚“五个一批”中的递进性任务，提升脱贫效果可持续性、促进减贫治理长效化、推动乡村内生性发展⑤，才能推动脱贫攻坚向乡村振兴的平稳过渡。庄天慧等基于两大战略衔接的理论逻辑和实践逻辑，建议在实施乡村振兴战略中坚持系统思维、精准思维，借鉴脱贫攻坚体制机制促进乡村振兴⑥。熊凤水等采用田野调查法，以莱城 H 村为个案，在分析 H 村衔接的困境逻辑基础上，从政策接续、产业优化、人才培养等方面提出从“重点特惠”面向“全民普惠”、从“定点脱贫”走向“持续发展”、从“人才支援”转向“精英培植”的实现路径。从目前已有研究上看，关于两大战略的衔接路径大多停留上宏观政策建议方面，理论支撑实践的力度还不够，尤其从微观实践层面探索两大战略衔接的执行或工作机制及路径亟待深入。

4. 职业教育服务乡村振兴研究

目前，学术界一方面主要从理论与宏观层面围绕“职业教育如何服务乡村振兴”，以职业教育与乡村振兴的关系、职业教育服务乡村振兴的“逻辑”“价值”“困境”“路径”为主题展开了系列研究，为民族地区职业教育服务乡村振

---

① 陈雪梅，周斌. 巩固脱贫攻坚成果与乡村振兴战略有效衔接路径研究［J］. 现代农业研究，2022（7）：42－44.

② 高强. 脱贫攻坚与乡村振兴有机衔接的逻辑关系及政策安排［J］. 南京农业大学学报（社会科学版），2019（5）：15－23.

③ 贺卫，潘锦云. 精准扶贫与乡村振兴战略衔接机制研究［J］. 华北理工大学学报（社会科学版），2021（1）：11－15.

④ 徐晓军，张楠楠. 乡村振兴与脱贫攻坚的对接：逻辑转换与实践路径［J］. 湖北民族学院学报（哲学社会科学版），2019（6）：101－108.

⑤ 涂圣伟. 脱贫攻坚与乡村振兴有机衔接：目标导向、重点领域与关键举措［J］. 中国农村经济，2020（8）：2－12.

⑥ 庄天慧，孙锦杨，杨浩. 精准脱贫与乡村振兴的内在逻辑及有机衔接路径研究［J］. 西南民族大学学报（人文社会科学版），2018（12）：113－117.

兴提供了学理依据；另一方面，把乡村振兴战略作为时代背景或研究视角，探究乡村振兴战略背景下或乡村振兴视角下乡村职业教育如何发展。在职业教育服务乡村振兴的理论研究方面，主要存在职业教育与乡村振兴互动或耦合关系、职业教育服务乡村振兴的价值取向、功能、逻辑机理等研究主题。

关于职业教育与乡村振兴的关系研究。职业教育与乡村振兴的耦合关系已得到学术界普遍认可，面向乡村办学已经成为职业教育的重要发展路向。职业教育与乡村振兴是一种双向互动、相互促进的关系，例如唐锡海等认为民族职业教育和乡村振兴战略之间相互促进、互动共生，乡村振兴促进民族职业教育发展、民族职业教育助推民族地区乡村振兴①，共同的终极价值、一致的经济诉求、归一的文化透视为职业教育发展与乡村振兴耦合提供了价值基础②，为职业教育服务乡村振兴的可能性提供理论依据。朱德全等进一步深化了职业教育与乡村振兴的关系研究，指出职业教育应与乡村“五大”振兴融合发展，职业教育嵌入乡村振兴发展之中，两者之间协同、融合发展③，并基于柯布-道格拉斯生产函数测算了职业教育服务乡村振兴的贡献测度，贡献率高达 16.19%，投资回报客观④。赵红霞等基于 2007—2018 年省级面板数据构建以经济发展水平为门槛变量的门槛模型，实证分析了职业教育提质增量对促进乡村振兴的门槛效应，发现职业教育规模与质量能够促进乡村振兴，但其作用大小会受到经济发展水平的约束⑤。从已有研究上看，更多的学术研究关注职业教育对乡村振兴的促进作用和贡献，对乡村振兴如何促进职业教育发展研究比较少。

关于职业教育服务乡村振兴的逻辑及价值取向研究。学术界关于职业教育服务乡村振兴的逻辑尚未达成共识，如石献记等在分析不同主体服务乡村振兴存在上下共谋、产教脱嵌、“扎根乡土”与“逃离乡村”等制度逻辑冲突基础

---

① 唐锡海，张宇，袁倩. 民族职业教育与乡村振兴的互动研究 [J]. 当代职业教育，2019 (5)：4—9.

② 胡茂波，谭君航. 职业教育类型发展与乡村振兴耦合的逻辑、纽带与路径 [J]. 教育与职业，2021 (1)：13—20.

③ 朱德全，王志远. 协同与融合：职业教育服务乡村振兴的逻辑理路 [J]. 陕西师范大学学报（哲学社会科学版），2021 (5)：114—125.

④ 朱德全，杨磊. 职业教育服务乡村振兴的贡献测度——基于柯布-道格拉斯生产函数的测算分析 [J]. 教育研究，2021 (6)：112—125.

⑤ 赵红霞，朱惠. 职业教育提质增量对促进乡村振兴的门槛效应分析——以经济发展水平为门槛变量 [J]. 教育学术月刊，2022 (2)：104—112.

上，提出了政策制定与政策执行闭环、产教融合互嵌、引导乡村人才回流的逻辑路向[①]；有学者从乡村空间分异格局审视服务的空间逻辑，认为乡村类型使职业教育服务功能和需求呈现明显的空间差异性，需要精准识别和分类厘清乡村空间的脆弱性，因地制宜地采取不同的行动策略[②]；此外还有学者提出“国家元治理理论引领下的教育全方位服务乡村全面振兴的实践逻辑”[③]，以及从人发展的角度审视职业教育服务乡村振兴的多重价值向度，如培养现实的人、反贫与阻止返贫、扎根乡土的价值前提[④]。例如谢元海等提出乡村职业教育服务乡村振兴的价值取向应是动态多元的，在分析乡村振兴发展对职业教育的具体诉求基础上，指出乡村职业教育发展应坚持生计价值取向、生活价值取向和生态价值取向[⑤]。此外还有研究基于“离农”与“为农”的悖论成因分析，将我国乡村教育的价值选择定位于服务城乡共同发展[⑥]。

关于职业教育服务乡村振兴的困境研究。职业教育在服务民族地区乡村振兴过程中存在乡村人员的外溢性、人员受教育水平低、贫困文化的循环性、产业结构的脱轨性等突出难题，还要应对地域特色文化的抹杀、民族手艺技能的消亡、地方产业行业的“同质”等问题[⑦]，面临人才供给不足、农业技术创新与转化不足、老龄人口关切不足等新挑战[⑧]，以及服务乡村振兴功能发挥欠缺、人口过度转移就业导致发展后劲不足、培养目标偏移、反应滞后等现实困顿[⑨]，

---

① 石献记，朱德全. 职业教育服务乡村振兴的多重制度逻辑［J］. 国家教育行政学院学报，2022（4）：43—51.

② 朱德全，曹渡帆. 职业教育服务乡村振兴的空间逻辑——基于乡村空间分异格局的审视［J］. 职教论坛，2021（11）：30—34.

③ 贾琳琳，张姝玥. 教育服务乡村振兴的逻辑与路径［J］. 现代教育管理，2022（4）：12.

④ 熊晴，朱德全. 民族地区职业教育服务乡村振兴的教育逻辑：耦合机理与价值路向［J］. 教育与经济，2021（3）：3—9.

⑤ 谢元海，闫广芬. 乡村职业教育的应然价值取向：生计、生活与生态——以乡村振兴战略为视角［J］. 教育发展研究，2019（1）：10—16.

⑥ 邬志辉，杨卫安. “离农”抑或“为农”——农村教育价值选择的悖论及消解［J］. 教育发展研究，2008（Z1）：52—57.

⑦ 乔云霞，李峻. 论乡村振兴背景下民族地区职业教育的高质量发展［J］. 职业技术教育，2022（6）：33—39.

⑧ 刘亚西，陈沛西. 职业教育助力乡村发展的实践回溯与愿景前瞻［J］. 教育与职业，2022（1）：5—12.

⑨ 祁占勇，王志远. 乡村振兴战略背景下农村职业教育的现实困顿与实践指向［J］. 华东师范大学学报（教育科学版），2020（4）：107—117.

和“离农”倾向、培训方式传统、产教融合不深[①]、办学条件薄弱、供给能力不足、涉农专业设置较少等困境。也有学者指出城乡“二元社会”“二元教育”等结构性矛盾的长期存在，不仅造成农村职业教育发展基础薄弱，更造成了城乡职业教育的二元割裂[②]。据对某边界民族地区农村职业教育调研，乡村振兴背景下乡村人口流向与人才培养目标偏离、产业结构与专业结构脱节、边境民族文化与课程教学内容割裂、多元主体未能与农村职业教育形成协同育人机制[③]。如王官燕、林克松对西南地区云、贵、川、渝 4 个省市 18 个国家级贫困县及其县级职教中心的实地调研发现贫困县域职业教育普遍未深度嵌入县域经济社会发展，“县域职业教育—县域经济社会”之间仍然呈现不同程度的割裂状态，如贫困县域职业教育发展定位悬浮、服务能力滞后、供给能力游离[④]，涉农高职院校也并未根据区域农业发展的实际情况开设涉农专业，涉农专业的区域性与专业性不强。

关于职业教育服务乡村振兴的路径研究。一部分学者以乡村振兴为背景或视角针对职业教育在促进乡村振兴发展中的自身困境，提出相应的突围对策；另一部分学者基于已有理论研究，从宏观理论层面分析职业教育服务乡村振兴的逻辑起点或价值机理，从而提出优化路径；还有一部分学者从职业教育与乡村振兴两大系统的主体、功能、要素等方面探索两者融合发展之路。实际上，无论何种服务路径，究其本质而言，已有“路径”主要围绕如何发挥职业教育功能以服务乡村振兴。大体上，职业教育服务乡村振兴发展有以下路径。

一是关于思想观念层面。一方面以“回归乡村”为主旨革新教育自身发展理念，具体表现为乡村教育主体性增强与乡村教育本体性功能凸显，“扎根乡土”与面向城市相统一，促进城乡教育融合共生发展，努力发挥本土性功能促

---

① 劳赐铭．职业教育服务乡村振兴产业人才培养的需求、困境与策略［J］．职业技术教育，2022（10）：59—65.

② 梁宁森．乡村振兴战略背景下农村职业教育的困境、机遇与优化路径［J］．高等工程教育研究，2020（4）：157.

③ 李丽，杨如安．乡村振兴背景下边境民族地区农村职业教育的困境与路径［J］．云南师范大学学报（哲学社会科学版），2020（4）：111—119.

④ 王官燕，林克松．嵌入、脱嵌与再嵌：贫困县域职业教育服务乡村振兴的逻辑、困局及突破［J］．职业技术教育，2020（7）：60—65.

进乡村社会各子系统协调、可持续发展①。另一方面深化基于“农民”的人的发展教育，加强农民的思想文化教育，转变乡村成人思想观念，增强其对职业教育及技能型社会的认同，树立自身可持续发展理念②。

二是推进职业教育与乡村振兴融合共生发展。大部分研究建议职业教育系统与乡村社会系统跨界对接融合，把职业教育与培训嵌入乡村社会子系统。如针对职业教育与农村三产供需不匹配、职业教育结构与农村产业融合结构对接错位等问题，对接乡村社会调整职业教育布局结构与专业结构、构建区域协调的农村产业融合利益联结机制，推进职业教育与农村三产融合发展③；职业教育与乡村生态建设的育人理念、终身教育体系、技术服务、生产生活方式、乡土文化融合，构建职业教育服务生态振兴的“5G”共生模式④。为促进职业教育与乡村振兴深度耦合，杨磊、朱德全从要素耦合、结构、功能三个向度，构建了民族地区职业教育和乡村振兴耦合发展的动力机制、联动机制和融合机制⑤。

三是加强职业教育内涵建设与高质量发展。在乡村振兴背景下，职业教育子系统被建构为服务乡村社会振兴发展的针对职业教育供给能力薄弱等问题，加强办学基本条件建设，增加各项资源投入，加强服务乡村振兴的双师型教师队伍建设，调整健全专业设置体系，改革创新人才培养模式⑥。针对新型职业农民持续学习动力不足、教学组织及培训内容与教学方式等方面存在不足等问题，加强农村职业教育基础建设、完善职业农民参加培训的激励机制、完善多

---

① 戴妍，王奕迪. 中国乡村教育振兴的未来图景及其实现——基于百年乡村教育发展连续统的视角［J］. 西南大学学报（社会科学版），2022（3）：157－169.

② 贾琳琳，张姝玥. 教育服务乡村振兴的逻辑与路径［J］. 现代教育管理，2022（4）：12－19.

③ 田真平，王志华. 乡村振兴战略下职业教育与农村三产融合发展的耦合［J］. 职教论坛，2019（7）：19－25.

④ 蒋成飞，朱德全，王凯. 生态振兴：职业教育服务乡村振兴德生态和谐“5G”共生模式［J］. 民族教育研究，2020（3）：26－30.

⑤ 杨磊，朱德全. 民族地区职业教育与乡村振兴耦合机制研究［J］. 西南大学学报（社会科学版），2021（5）：141－149.

⑥ 寿伟义. 乡村振兴战略背景下农村职业教育的有效供给研究［J］. 教育与职业，2022（5）：98－102.

样化培训内容体系等①。为破解职业教育服务乡村振兴的困境，应精准目标定位，满足乡村振兴的技术需求，系统设计服务乡村振兴的内容架构，把专业成才与文化成人融入职业教育服务乡村振兴全过程，构建多元主体参与的“共同缔造”及动态监测与效能评价等长效机制②。

四是职业教育功能发挥对接乡村“五大”振兴。祁占勇等建议农村职业教育的功能定向要顺应新时代农业农村现代化的需求，及时地进行内部革新以激发内生动力，注重涵养乡土文化的基因，打造农村人才内生循环生态机制，培育新型职业农民③。职业教育通过设立科技创新“研发所”、生态救护“智囊库”、文化传承“宣讲席”、乡村发展“云课堂”，培养振兴乡村的“经济达人”“生活达人”“文化达人”“政治达人”，实现乡村的全面振兴④。职业教育助推乡村社会全面深化改革，实施现代化的治理，多元协同与分工，优化治理工具，全面发展中重点提升乡村产业竞争力、创新发展经济发展模式，做好生态保护、强化乡村文化与组织建设⑤。为促进民族地区乡村人才振兴，职业教育应对接乡村产业结构、契合乡村发展需要，将“乡土责任教育和个人理想教育融合”，个性化地培养“留得住”“靠得住”“沉下去”“出得来”的技能型人才⑥。

综上所述，国内外关于职业教育服务乡村发展开展了系列研究，为职业教育振兴乡村提供了理论基础。现有研究仍然存在几个亟待深化之处：其一，已有研究大多数从脱贫攻坚衔接乡村振兴、产业、治理、人才、生态等维度探索民族地区乡村振兴路径，从微观层面研究职业教育服务乡村振兴的具体实践模式还不够深入。其二，已有研究大多从乡村的共性角度开展职业教育服务乡村振兴的问题及路径研究，忽视了乡村的地域特殊性，需要从乡村地域的特殊发

---

① 吴兆明，郑爱翔，刘轩．乡村振兴战略下新型职业农民职业教育与培训［J］．教育与职业，2019（20）：27－34．

② 王志远，朱德全．逻辑起点与价值机理：民族地区职业教育服务乡村振兴的行动关照［J］．教育研究与实验，2022（1）：49．

③ 祁占勇，王志远．乡村振兴战略背景下农村职业教育的现实困顿与实践指向［J］．华东师范大学学报（教育科学版），2020（4）：107－117．

④ 梁成艾．民族地区职业教育赋能乡村振兴的逻辑与路径［J］．民族教育研究，2021（6）：85－93．

⑤ 沈军，陈慧．治理有效：职业教育助推乡村振兴的路径改革［J］．国家行政学院学报，2020（8）：19－24．

⑥ 李久军，巴登尼玛．职业教育赋能民族地区乡村人才振兴的四个维度［J］．民族教育研究，2021（6）：94－99．

展实际出发，研究职业教育振兴乡村的空间逻辑。其三，随着乡村振兴战略实施，需要分析职业教育多主体服务乡村振兴的作用机理和实施策略，探究职业教育振兴乡村的长效机制。其四，职业教育定向培训模式在乡村振兴领域的应用研究比较缺乏，有些研究结论概括性有余而适切性不足。因此，基于乡村的特殊性分析职业教育服务乡村振兴的理论基础和价值意蕴，提出职业教育服务乡村振兴的行动逻辑与路径选择，探索职业教育服务乡村发展的具体模式，能为全面推进乡村振兴战略提供参考借鉴。

三、研究内容及研究目标

（一）研究内容

1. 职业教育振兴乡村的政策研究

梳理职业教育服务乡村建设与发展的政策脉络，分析职业教育服务乡村振兴政策的逻辑理路，展望政策发展趋势。

2. 面向乡村的职业教育发展现状及原因分析

在已有文献研究基础上，了解我国乡村职业教育的发展现状及存在的问题。同时在中西部地区选择部分州、县进行典型调查和访谈，以实证研究的方法从办学条件、专业设置、人才培养、校企合作等方面全面了解农村职业教育发展的基本现状、问题并分析职业教育发展存在问题的原因。

3. 职业教育振兴乡村的作用机理研究

在理论和实证研究基础上，从多维视角分析乡村发展的现实困境及利益诉求，探讨职业教育与乡村发展的互动关系。结合相对贫困的形成机理、乡村整体发展规划和职业教育的功能，阐明职业教育帮扶与振兴的主体及对象、价值取向、原则，探寻职业教育振兴乡村的行动逻辑。

4. 职业教育振兴乡村的定向培训模式建构

分析相对贫困者返贫原因，针对相对贫困者思想观念落后、文化知识基础薄弱、技术技能偏低，设计职业教育相关利益主体振兴乡村的服务框架。针对职业教育振兴乡村的参与主体协作不紧密、职业培训供给精准度不够高、乡民内生发展动力不足等问题，从帮扶主体、招生就业、培训项目设置、课程模块等方面建构职业教育人才定向培训模式。

5. 职业教育振兴乡村的保障机制研究

根据职业教育治理相对贫困和服务乡村振兴存在的问题及不足，从政策、人才培养、校企合作、师资队伍、实训条件建设等方面提出职业教育振兴乡村的保障机制。

（二）研究目标

解读相对贫困、乡村振兴的内涵，剖析相对贫困的特征及其表征，探讨职业教育治理相对贫困和服务乡村振兴的理论基础，基于不同视角及理论审视分析职业教育服务乡村振兴的逻辑及框架。梳理职业教育服务乡村建设与发展的政策脉络，分析职业教育服务乡村振兴政策的逻辑理路，展望政策发展趋势。研究职业教育与乡村振兴的相互关系，探究职业教育与乡村振兴的耦合机理与作用机制，为职业教育服务乡村振兴提供理论参考。分析职业教育发展困难与不足，构建职业教育多方协同联动的职业教育振兴乡村的具体模式。针对职业教育服务乡村振兴中存在的现实困境，探讨职业教育振兴乡村的策略与保障机制，提高职业教育协同服务乡村振兴的精准度和有效性。

四、研究内容与方法、思路

（一）研究方法

总体来说，乡村“固脱防返”复杂，全面推进乡村振兴难度较大，应全面分析职业院校与政府、行业、企业精准帮扶的路径，合理构建四方主体协作实施精准帮扶的振兴模式，需要定量与定性相结合，在事实判断的基础上进行价值判断。

1. 文献分析法

通过广泛的文献资料搜集，掌握国内职业教育发展现状、职业教育治理相对贫困策略与机制、职业教育服务乡村振兴、定向培养等方面已有的理论和实践成果。对文献资料中的相关成果加以分析整理，综合了解职业教育帮扶与振兴乡村的现状及策略。

2. 实证研究法

本项目深入乡村调研，通过自行编制的调查问卷，访谈相关帮扶部门、职业院校、相对贫困者、职校学生，从人才培养模式和经费投入使用现状、职业教育培训等方面了解职业教育发展现状以及精准帮扶与振兴现状。运用 SPSS 软件分析调查数据之间的关系，分析找出职业培训服务乡村振兴存在的问题及原因。

3. 个案研究法

选取具有代表性的案例，具体探讨精准帮扶视野下政行企校四方协同帮扶的优势与改进之处，剖析四方协作实施精准帮扶相对贫困者和服务乡村振兴的工作机制以及成功经验和策略。建构和探索服务乡村振兴的职业教育定向培训模式，在实践中改进完善职业教育定向培训模式。

4. 文本分析法

主要对国家及地方颁布的职业教育服务脱贫攻坚对接乡村振兴的政策文本进行分析和解读，了解国家乡村振兴战略和职业教育的方向和重点，为本书研究提供论证依据和政策支持。另外通过对乡村振兴和职业教育相关的政策文本分析，发现其中的问题和不足，为进一步完善职业教育服务乡村振兴发展的政策提供依据。

（二）研究思路

本选题将选取贵州省 Z 县作为重点研究对象，在实证调研的基础上，采用文献研究法和个案研究方法，探究职业院校与政府、行业、企业协同联动帮扶的策略和机制。首先，摸清农村地区相对贫困问题及原因、职业教育发展面临的现实问题与困难、职业院校职业培训开展帮扶的现状、不足与困难，分析当地政府、行业企业、职业院校、社会组织等协同联动精准帮扶的逻辑机理。其次，针对帮扶参与主体协作不紧密、职业培训帮扶精准度不够高、相对贫困学员核心造血能力不足等问题，从帮扶主体、招生就业、培训项目设置、课程模块等方面建构职业定向培训人才培养模式。最后，针对帮扶现实问题与困难寻找解决方案，探究政行企校联合体协作实施精准帮扶的策略与机制。

五、主要创新之处

（一）职业教育帮扶理论的发展

在已有贫困、教育扶贫理论研究基础上，结合职业教育定向培训实践探索，解读相对贫困的内涵。新时期，贫困不再是经济生活层面的物质贫困，而是思想观念、文化知识、技术技能等层面的多维相对贫困。帮扶，仅仅给予物质上的帮扶是不够的，需要更新观念、提高文化素质、培训一技之长，才能靶向提升相对贫困者的内生发展能力，促进相对贫困者摆脱文化与技能相对贫困，实现阶层跨越。在此意义上，职业教育定向培训在帮扶乡村之相对贫困和振兴乡村社会中具有基础性作用，是摆脱文化技能匮乏困境和阻断代际贫困传递、补齐乡村发展短板的有效手段。

（二）职业教育帮扶模式的创新

成立“政＋乡＋行＋企＋校”的城乡振兴共同体，建立健全协同招生、资源整合共享、协作培训帮扶、利益分配与激励、监督管理等协同互动、协作培训机制，建立“定岗—定培—定技能”三级定向培训框架，构建“志＋智＋技”模块化课程体系，既关注个体成长与服务地方发展，又兼顾就业岗位指向性与技能针对性，构建了具有精准扶贫、个体成长特色的“三定三扶五主体”的帮扶培训模式，开辟了职业教育定向培训帮扶的新路径。

（三）职业教育帮扶实践的创新

城乡振兴共同体签订职业教育定向培训帮扶战略协议，当地村镇政府、乡村、学校、企业共同开展宣传与招生工作，实施定向招生即招工、毕业即就业。四方主体共同制定职业培训方案，以工作任务为导向组织技能培训内容，构建“志＋智＋技”模块化课程体系，激发相对贫困者内生发展动力、明确技能培训项目与目标，确保职业培训内容与企业岗位任职能力要求相匹配。将技能培训课堂开在乡村、田间、地头，实施校企协同分工授课，采用情境教学法、项目式教学法、案例教学等灵活多样的教学方式完成职业定向培训内容。

第一章　概念界定和理论基础

当下，相对贫困的内涵还不够清晰、相对贫困自身的理论自洽性不足。学术界对相对贫困的元问题研究较少，关于相对贫困的理解尚未达成一致共识，尤其在相对贫困治理方面仍存在广泛的争议和分歧。国外一些发达国家在使用相对贫困概念时保持审视态度，如美国虽然认可了贫困的相对性，但是在识别贫困时尚未将其纳入贫困线的计算范围。欧盟国家普遍采用中位收入比例法作为相对贫困线的计算方法，虽然采用相对贫困标准用于贫困统计，但并没有用于贫困治理。国内外对相对贫困元问题的争议，正如阿尔柯克（Peter Alcock）所言："理解贫困的首要任务是界定贫困，我们必须首先知道贫困是什么，然后才能着手衡量贫困，才能着手减轻贫困。"① 在此意义上，有必要对相对贫困的概念及内涵进行深入解读，梳理和研究相对贫困及反贫困的相关理论，为治理相对贫困提供理论基础。

一、概念界定

概念通常是理论创建或思想表达的重要工具，是建构理论体系的基本要素之一。明晰概念的外延和内涵是理论得以准确表达的前提条件。因此在研究问题之前，有必要在文献梳理的基础上，对本研究涉及的几个核心概念进行界定，从而确定研究的边界。

① Peter Alcock. Understanding Poverty [M]. London: Macmillan Press, 1997, 67.

(一) 贫困

在一般意义上，贫困意为人们难以满足维持基本生活需要而处于资源匮乏的生活状态。贫困又是一个动态的、多维的概念，随着时间和地域的变化，其内涵动态发展。从贫困的字面意思上看，“贫”意为经济匮乏，“困”意为生活窘迫。在《说文解字》中，“贫”意为“财分少也”，《庄子·让王》则言，“无财谓之贫”，贫意味着缺乏钱财。《荀子·大略》曰：“多有之者富，少有之者贫，至无有者为穷。”《周礼·地官·廪人》引书传言：“行而无资谓之乏，居而无食谓之困。”上述释义描述了贫困的“元内核”。关于贫困的“元内核”的事情则是一目了然的，就像李尔王告诉瞎子格洛斯特的那样，“一个人不用眼睛看就能知道事情是如何发生的”，正如人们对贫困肉眼可见的描述：衣衫褴褛、缺吃少喝、居无定所、窘迫不堪等画面。然而贫困一旦脱离“元内核”，涉及致贫原因及识别标准，贫困的界定将变得复杂。在阿马迪亚·森看来：“一个令人满意的贫困概念必须包括两个不同的——但并非完全没有联系的——要素：（1）一个识别穷人的方法‘识别’（indentification）；（2）一个把穷人所构成的集合的特征进行加总，以形成贫困总体映像（over-all image of poverty）的方法‘加总’（aggregation）。”①

1. 贫困的元内核：物质生活匮乏难以维持其生存需要

一种贫困研究视角是依据生存需要采用生物学法判定贫困，把最低食物量标准作为贫困识别依据，认为贫困就是“食不果腹”。如罗恩特里（Seebohm Rowntree）在关于贫困的研究中，以家庭为单位定义贫困，而个体基本贫困则指“总收入不足以获得维持体能所需要的最低数量的生活必需品”。生物学贫困线就是依据维持生存需要的食物标准制定的，如此食不果腹或者饥饿是贫困的一个非常重要的方面。世界银行推出的国际通用贫困线也是基于绝对贫困理念而得到的一种最低生理需求线。但是最低营养要求或者最低食物需求仍然是一个不精确的概念，于是人们开始借助收入这一媒介来诠释贫困，换言之，以收入贫困线定义贫困，低于收入贫困线的人则是贫困者。收入贫困线法是目前很多国家普遍采用的方式，如博西姆·特朗里（Rowntree B. S. ）认为贫困是“家

① ［印度］阿马迪亚·森. 贫困与饥荒——论权利与剥夺［M］. 王宇，王文玉，译. 北京：商务印书馆，2022：15.

庭总收入不足以获得维持体能所需的最低数量的生活必需品”[①]。博西姆·特朗里关于贫困的观点是典型的从经济收入维度定义贫困，并将贫困归结于经济收入不足。布思（Charles Booth）则进一步把贫困划分为“匮乏”和“困境”，前者是一种维持生理生存需要的资源匮乏状态，后者则是生活无休止地挣扎于贫困线上。

由上可知，大多数研究者从生理上的生存需要和收入层面诠释贫困，规定了要摆脱贫困所需要达到的最低生活水准，描述了一种贫困群体不能维持正常基本生活需要的资源匮乏状态，即绝对贫困。

2. 贫困与不平等：贫困与不平等不存在完全的对应关系

当采用社会当时的收入贫困线识别贫困时，贫困进一步表征为在这个社会中收入最低的一组人与其他组人之间的不平等，于是相当一部分人认为贫困在本质上就是不平等，然而这是不恰当的。如米勒（Miller）和罗比（Roby）从社会等级阶层视角考察贫困问题，提出贫困问题的本质就是一个不平等的问题。“我们观察一个社会中最富有的20%人口或10%人口，与这个社会中的其他人在收入分配上的差别的性质及大小。我们所关心的是处于各等级最底层的人与其他人之间差别的缩小。”[②] 贫困与不平等有一定的相关性，但是把贫困当作不平等问题来分析是不恰当的，虽然富人向贫困者转移收入可以减轻贫困的程度和缩小收入的差距，但是高收入阶层的人向中等收入阶层的人转移收入，减少了不平等的程度，并不影响低收入阶层的贫困感。相反，一个社会在某个时期，群体的收入普遍降低会减少收入之间的差距，却会诱发饥饿、加剧贫困，如此贫困并不意味着不平等，不平等也不意味着贫困。从贫困与不平等的关系中可以得出：“不平等在贫困的一般存在中所起的作用就可以被纳入贫困概念之中了，从而无需把这两个概念等同起来。”[③]

3. 贫困的相对性：贫困呈现多维并动态发展变化

贫困是一个历史性、多维度的概念，贫困标准随着社会经济发展而动态变

---

① Rowntree B. S. Poverty: A Study of Town Life [M]. London, Routledge/Thoemmes Press, 1997, 86.

② [印度] 阿马迪亚·森. 贫困与饥荒——论权利与剥夺 [M]. 王宇，王文玉，译. 北京：商务印书馆，2022：19.

③ [印度] 阿马迪亚·森. 贫困与饥荒——论权利与剥夺 [M]. 王宇，王文玉，译. 北京：商务印书馆，2022：20.

化，贫困程度的认定与当下时代背景与社会认可接受的生活方式相关。贫困按照贫困线可以划分为绝对贫困和相对贫困，绝对贫困和相对贫困在贫困程度上有差异。绝对贫困指向生活窘迫艰难、缺衣少食、居无定所的赤贫，质言之，绝对贫困是一种极端贫困状态。绝对贫困通常按照贫困线就可以判定一个人是否处于绝对贫困状态，因此绝对贫困具有一定的客观性。但是贫困线与社会生活标准紧密相关，贫困线随着社会生活标准提升而提高，如我国根据居民的生活水平、物价、购买力等因素不断改变贫困线标准。在此意义上，绝对贫困并非一成不变而是具有一定的相对性。那么相对意义上的贫困，则是参照对比当时所处社会平均生活标准，指低于平均社会生活标准的人的贫困感及贫困状态。相对贫困指向收入低于社会平均生活水平却高于贫困线的相对贫乏状态。相对贫困群体挣扎在贫困线边缘，相对贫困的“贫困”状态因具有相对性、主观性，所以相对贫困概念比较模糊。

亚里士多德从生产生活必需品满足视角解读贫困的观点，对后世关于贫困的认知影响很大，他认为真正的财富是生产家庭生活必需品的工具以及各种生活必需品本身①。在他看来，贫困是人们所拥有的财富匮乏以至于难以获得满足生产生活的必需品。生产生活必需品的内涵虽然丰富而且衡量标准不统一，很多研究者通过扩展生产生活必需品的范围来诠释贫困，然而大部分研究者还是肯定了最低生活必需品——获得满足生存生理需要。亚当·斯密基于当时社会生活背景进一步解读了生活必需品的内涵，指出生活必需品“不仅仅指维持生命所不可缺少之物，而且指由一个国家风俗所决定的作为一个体面的人，哪怕是最底层的人，不可缺少之物”②。《1990年世界发展报告》中对贫困的定义是：“当某些人、某些家庭或某些群体没有足够的资源去获取他们在那个社会公认的，一般都能享受的饮食、生活条件、舒适和参加某些活动的机会，就是处于贫困状态。”③ 这一定义将生活状态改善以及参加社会活动的机会纳入了生活必需品的范围，贫困表征为一种个体生活和参与社会生活的资源匮乏、被排斥的状态。

---

① ［古希腊］亚里士多德. 政治学［M］. 颜一，秦典华，译. 北京：中国人民大学出版社，2003.

② Smith. Wealth of Nations［M］. volume 2，book 5，chapter 2，in the edition by R. H. Campbell and A. S. Skinner（Oxford：Clarendon Press，1976），469－471.

③ 世界银行. 1990年世界发展报告［M］. 北京：中国财政经济出版社，2001：19.

（二）乡村振兴

乡村振兴战略是以习近平为核心的党中央确立的国家层面的战略方针，为国家自上而下统一部署的全面推进乡村振兴的行动。2017 年 10 月 18 日，习近平同志在《决胜全面建成小康社会 夺取新时代中国特色社会主义伟大胜利——在中国共产党第十九次全国代表大会上的报告》（以下简称“党的十九大报告”）中首次明确提出“坚定实施科教兴国战略、人才强国战略、创新驱动发展战略、乡村振兴战略、区域协调发展战略、可持续发展战略、军民融合发展战略”①。党的十九大报告明确规定：“实施乡村振兴战略。农业农村农民问题是关系国计民生的根本性问题，必须始终把解决好‘三农’问题作为全党工作重中之重。要坚持农业农村优先发展，按照产业兴旺、生态宜居、乡风文明、治理有效、生活富裕的总要求，建立健全城乡融合发展体制机制和政策体系，加快推进农业农村现代化。”②

实施乡村振兴战略是习近平新时代中国特色社会主义思想的重要内容之一，还是新时代“三农”工作的总抓手，包括产业振兴、人才振兴、文化振兴、生态振兴、组织振兴的全面振兴。五大振兴亦是全面推进乡村振兴的着力点。乡村振兴战略把乡村看成一个社会发展的整体，采用整体主义视域推进产业、人才、文化、生态、组织的五位一体的振兴，因此需要采取综合措施整体全面地推进乡村振兴。《中共中央关于制定国民经济和社会发展第十四个五年规划和二〇三五年远景目标的建议》（以下简称“建议”）明确提出，“优先发展农业农村，全面推进乡村振兴。坚持把解决好三农问题作为全党工作重中之重，走中国特色社会主义乡村振兴道路，全面实施乡村振兴战略，强化以工补农，以城带乡，推动形成工农互促、城乡互补、协调发展、共同繁荣的新型工农城乡关

① 习近平：决胜全面建成小康社会 夺取新时代中国特色社会主义伟大胜利——在中国共产党第十九次全国代表大会上的报告［EB/OL］.（2017-10-27）［2022-7-3］. http://www.gov.cn/zhuanti/2017－10/27/content_5234876.htm.

② 习近平：决胜全面建成小康社会 夺取新时代中国特色社会主义伟大胜利——在中国共产党第十九次全国代表大会上的报告［EB/OL］.（2017-10-27）［2022-7-3］. http://www.gov.cn/zhuanti/2017-10/27/content_5234876.htm.

系，加快农业农村现代化”[①]。乡村振兴的总要求为“产业兴旺、生态宜居、乡风文明、治理有效、生活富裕”，总目标是加快实现农业农村现代化。五个方面的关系是相互关联和双向促进的，其中产业兴旺是重点，生态宜居是关键，乡风文明是保障，治理有效是基础，生活富裕是根本。三农工作是全党工作的重中之重，增加农民收入是农村农业工作的中心任务，增加农民收入也是乡村振兴工作的中心任务。

党的十九大报告及“建议”提出“实施乡村振兴战略，要坚持农业农村优先发展”，可知全面推进乡村振兴的总方针是坚持农业农村优先发展。习近平总书记提出中国特色社会主义乡村振兴道路包括六方面的深刻内涵。一是重塑城乡关系，走城乡融合发展之路。二是必须巩固和完善农村基本经营制度，走共同富裕之路。三是必须深化农村供给侧结构改革，走质量兴农之路。四是必须坚持人与自然和谐共生，走乡村绿色发展之路。五是必须传承发展提升农耕文明，走乡村文化兴盛之路。六是必须创新乡村治理体系，走乡村善治之路。

（三）新型职业农民

1966 年，美国学者艾瑞克·沃尔夫（Eric Wolf）在《农民》一书中对“职业农民”的概念进行了经典定义。在他看来，传统农民是身份意义上的农民，从事农业生产主要目的是为了生计，而职业农民从事着产业化的农业，充分自由地进入市场，并利用自身的素质与能力来谋求经济利益的最大化。从国外概念中可以看出，职业农民是市场主体，他们的生产具有一定的产业规模以及追求经济利益最大化。2012 年，中央一号文件《关于加快推进农业科技创新持续增强农产品供给保障能力的若干意见》，首次提出“大力培育新型职业农民”。同年发布《新型职业农民培育试点工作方案》，新型职业农民培育开始试点阶段。新型职业农民概念提出后，引起学术界的广泛关注，学者们从不同视角审视了新型职业农民的内涵。在农业社会中，传统农民一般指长期生活在农村，长期从事农业生产劳动并以之为生计的人。由于城乡二元结构的户籍管理制度，赋予其群体以农民的身份。传统农民的一般特征有：①长期居住在农村；②长

① 中共中央关于制定国民经济和社会发展第十四个五年规划和二〇三五年远景目标的建议［EB/OL］．（2020-11-03）［2022-7-3］．http://www.gov.cn/zhengce/2020-11/03/content_5556991.htm.

期从事农业生产劳动；③占有一定的土地；④主要以农业生产经营为生计。新型职业农民是一个动态变化的历史性概念，随着时代发展不断被赋予新的内涵，然而其内涵尚未达成一致性的认识。

在农业现代化发展背景下，农民概念被赋予新的内涵从而生为新型职业农民，从与市民相对应的“身份”走向自由流动进出的“职业”市场[①]，农民具有鲜明的时代特色。当“农民”成为一种从事农业生产业的固定职业后，职业农民从业者应具有较高文化素质、技术，懂经营、会管理，与此同时，他们还有较高的收入水平及社会地位[②]。在新时代背景下，新型职业农民具有职业化、专业化的特点，因此他们的社会地位显著提高。大多数学者是从职业农民的特征上定义新型职业农民，也有部分学者从现代化视角定义职业农民的“新型”，认为在国家农业农村现代化制度安排下，该职业群体从事着“市场化、规模化、机械化”的现代化农业生产，具有一定的农业生产及经营管理知识和能力、获取市场信息的能力等。例如庄西真认为，新型职业农民的新型在于“以市场化为导向、以专业化为手段、以规模化为基础、以高素质为特征”，具有丰富的务农知识、实践能力[③]。综上所述，本研究把新型职业农民定义为：从事现代化农业生产、经营、管理或服务的经济活动，利用市场机制谋取经济最大化的从业人员。

（四）职业培训

职业培训与职业学历教育具有同等地位，是职业教育办学的主要职责之一，高职院校应承担起为区域经济发展培训劳动者以及为企业提供各种培训的社会责任。职业培训是直接为适应经济和社会发展的需要，对要求就业和在职劳动者以培养和提高素质及职业能力为目的的教育和训练活动。《教育大辞典》将“职业培训”定义为：“使从业人员获取某种职业所需专业知识或技能而进行的培训工作。[④]”职业培训主要是根据职业岗位对从业人员的基础知识和专业技能

---

① 朱启臻，闻静超. 论新型职业农民及其培育［J］. 农业工程，2012（03）：1—4.

② 郭智奇，齐国. 培育新型职业农民问题的研究［J］. 中国职业技术教育，2012（15）：7—13.

③ 庄西真. 从农民到新型职业农民［J］. 职教论坛，2015（10）：23—28.

④ 顾明远. 教育大辞典第三卷（高等教育、职业技术教育、成人教育、军事教育）［M］. 上海：上海教育出版社，1991：232.

的要求开展的教育和训练活动，以提升从业人员的岗位适应能力和缩短岗位适应时间，培训结束后对通过考核者颁发培训合格证书或职业技能等级证书。培训周期灵活多变，有短、中、长期等种类。举办职业培训是职业教育部门和人力资源部门以及经济部门的事业，职业培训与就业从业紧密相连，其宗旨在于培养训练产业工人和其他熟练劳动者①。

欧阳河提出职业培训是一种非学历性的中短期职业教育，根据就业需要可以划分为就业培训、岗位培训、转岗培训和其他形式的实用技术、技能培训②。职业培训按照举办者和举办目的可划分为以劳动者为特定对象的劳动力资源开发活动；以直接满足社会、经济发展的某种特定需要为目的的定向性培训；按照国家职业分类和职业技能标准进行的规范性培训。职业培训的举办部门机构具体有：人社部门、教育部门、社会培训机构等。2022 年 5 月 1 日印发的《职业教育法》规定，“职业培训包括就业前培训、在职培训、再就业培训及其他职业性培训”。职业培训的办学主体具有多元化特征，“职业培训可以由相应的职业培训机构、职业学校实施”“其他学校或者教育机构以及企业、社会组织可以根据办学能力、社会需求，依法开展面向社会的、多种形式的职业培训”。

综上所述，结合职业培训概念、培训种类及内容等方面的已有研究，可以将职业培训定义为，由举办部门依据送培机构以及受培者的需要，依据从业岗位要求的职业能力标准开展职业知识及专业技能的各种各类中短期的培养从业工人的实践活动。

二、理论基础

国内外学者及国际组织对贫困、农业农村现代化进行了深入的理论研究和实践探索，其中冈纳·缪尔达尔提出的循环积累因果关系理论、舒尔茨提出的人力资本理论、阿马迪亚·森提出的可行能力理论对我国的反贫困理论研究、政策制定及实施的影响较大，为我国的反贫困事业提供了重要的理论借鉴。相对贫困是一个涉及多学科、多维的概念，本研究从经济学、社会学、教育学等多个相关学科探究相对贫困治理的理论和研究成果，为相对贫困治理对接乡村振兴、职业教育治理相对贫困和振兴乡村提供理论支撑。

---

① 关裕泰. 职业培训 50 年 [J]. 中国培训，1999（10）：12－15.

② 欧阳河. 职业教育五十论 [M]. 长沙：湖南教育出版社，1999：216.

（一）基于经济发展视角的贫困理论及开发式帮扶

“二战”后，一些新独立的发展中国家普遍处于贫困状态，引起了发达国家对贫困的关注，对贫困进行了更为深入的理论研究。部分学者从经济增加视角研究发展中国家贫困的形成原因及根源，形成了经济增长的贫困理论。该理论认为，在发展中国家，国家经济发展水平落后将导致国民收入水平低下，如此经济社会发展的资本积累缓慢，低水平的物质资本、人力资本难以满足经济社会投资需要，从而阻碍了国家的经济发展和国民收入增长。经济发展的贫困理论主要代表有：美国经济学家罗纳格·纳克斯（Ragnar Nurkse）提出的贫困恶性循环理论、美国经济学家理查德·R. 纳尔逊（Richard R. Nelson）提出的低水平均衡陷阱理论、美国经济学家哈维·莱宾斯坦（Harvey Leibenstein）提出的临界最小努力理论、瑞典社会经济学家冈纳·缪尔达尔（Gunnar Myrdal）提出的循环积累因果关系理论等。本研究重点介绍贫困恶性循环理论及其对我国贫困治理的启示。

美国哥伦比亚大学教授罗纳格·纳克斯在1953年出版的《不发达国家的资本形成问题》著作中提出了“贫困恶性循环理论”。他从国家经济增加角度分析发展中国家贫困的形成原因及根源，认为发展中国家因为经济发展滞后，导致居民收入增加缓慢并处于低水平状态，用于投资的资金（储蓄）和产品需求（消费）都不充足，经济资本积累不能为社会经济发展提供物质基础，进而导致加剧经济发展落后程度和导致经济资本形成不足的恶性循环，使发展中国家长期处于贫困之中，即罗纳格·纳克斯所言“一国穷是因为它穷”。从经济资本积累与投资看，发展中国家的人均收入水平低下，意味着人们将把大部分收入用于生活消费，储蓄较少；低储蓄能力引起经济资本积累少，造成用于经济投入的资本不足，资本不足进一步限制生产规模扩大，生产率难以提高，进一步引发低收入。如此，形成一个“低收入—低储蓄能力—低资本积累—低生产率—低产出—低收入”的贫困的循环。从需求角度看，低收入影响购买力，购买能力不足引发投资力度降低，低水平的投资进而抑制了生产率，低产出进一步限制了收入水平提高，如此需求陷入贫困的恶性循环。

罗纳格·纳克斯提出，要打破贫困的恶性循环，必须进行大规模的投资。该理论基于经济发展视角分析了贫困形成的深层原因，为使贫困的国家或地区摆脱贫困的恶性循环，需要加大经济投资力度和形成资本积累。美国经济学家哈维·莱宾斯坦进一步丰富发展了贫困恶性循环理论，1957 年他在《经济落后与增长》一书提出了“临界最小努力理论”。在哈维·莱宾斯坦看来，发展中国家之所以贫困，居民收入水平普遍偏低，投资资本有限，正是因为投资水平未达到满足社会发展所需要的最小临界值。发展中国家要打破低收入与贫困之间的恶性循环，必须首要保证足够的投资率以使国民收入的增长超过人口的增长，从而使人均收入水平得到显著提高，这个投资率水平即“临界最小努力”。

贫困恶性循环理论为我国农村地区巩固脱贫成果和防止脱贫人员再次返贫困提供了理论借鉴，如：其一，在保持原有的帮扶力度基础上继续加强对农村脱贫地区的经济投入。农村脱贫地区虽然脱贫攻坚时期在帮扶政策的大力支持下，贫困者从扶贫项目中获取了帮扶和收益，但是脱贫群众的收入与储蓄能力并不高，并不能在经济发展方面形成投入资本和有助于当地扩大生产规模，因此有必要继续加大对农村脱贫地区的财政投入力度，投资项目向农村地区倾斜。其二，保证农村地区的投资率达到最小临界值。乡村为防止脱贫者返贫，保障巩固拓展脱贫成果与乡村振兴的良性循环，必须保证足够的投资率足以使国民收入增长超过人口增长，如此农村地区居民的收入才会显著提高。其三，优化农村地区的金融资源配置，为脱贫群众提供金融服务。乡村地区脱贫者从事自营的经济活动或者学习技术技能需要一定的原始资本积累或经济投入，限于低水平的工资收入，缺乏投资资本，政府可以制定各种财政帮扶政策以及鼓励银行提供中小额度的贷款服务，提高金融的利用率。

（二）可行能力理论及发展可行能力

印度经济学家阿马迪亚·森在《以自由看待发展》一书中提出了可行能力贫困理论，建议从经济视角转向可行能力视角审视贫困的成因，并提出以自由促进个体发展的观点。虽然低收入与贫困之间存在密切联系，但是贫困不是仅仅因为收入低下，而是缘于基本可行能力被剥夺，应关注个体的可行能力发展。在一些富裕的国家，一些处境艰难的人们不能享有医疗保健和卫生设施，缺乏获得实用的教育以及经济和社会保障等方面的基本机会，可行能力被剥夺从而面临“过早死亡、严重的营养不良（特别是儿童营养不足）、长期流行疾病、大量的文盲以及其他一些失败”[①]。在他看来，发展是不断扩展人们享有的真实自由的一个过程，而自由是发展的目的与手段。可行能力是一种人们“选择有理由珍视的生活的实质自由”[②]。“一个人的‘可行能力’指的是此人有可能实现的、各种可能的功能性活动组合”[③]，即可行能力是实现各种功能性活动组合的实质自由，换言之，可行能力是实现不同生活方式的自由。

功能性活动表现为一个人认为值得去做或达到的多种多样的事情或状态。功能性活动的种类很多，从初级功能性活动——如足够的营养以及避免疾病之害，到复杂的功能性活动——如参与社区生活和拥有自尊，这些功能性活动反映了人们实际达到的成就，体现了人们有自由实现的可供选择的各种相互替代的功能性活动组合。可行能力理论较为关注个体的内生发展动力，强调个体的选择能力和机会。可行能力是自由和发展的基础，可行能力理论为审视贫困与发展提供了新的视角。基于可行能力视角，贫困从物质匮乏扩展到教育、就业、医疗等多维相对贫困，个体的经济贫困发展为个体可持续发展内生动力不足。可行能力赋予个体按自己合意的方式来生活，这些可行能力包括政治自由、经济条件、社会机会、透明性保证、防护性保障，它们能帮助人们实现更加自由地生活并提高他们的整体能力。政治自由指人们所拥有的广义的政治权益，如政治对话、选举权、被选举权等。经济条件指个体在从事经济活动中为了消费、生产、交换的目的而享有运用其经济自由的机会，如收入分配对个体发展的影响。社会机会指国家在教育、医疗以及其他方面的社会安排，这些社会安排将影响到个体享受更好生活的自由。社会机会对“个人生活（例如，享受更健康的生活、避免可防治的疾病和过早死亡），同时对更加有效地参与经济和政治活动，都是重要的。例如，不识字对一个人参与那些要求按规格生产或对质量进行严格管理的经济活动（如全球化贸易所日益要求的那样）来说，是一个巨大障碍”。同样，个体因缺乏文化知识，不能够阅读，无法参与社会治理，这也是个体可行能力不足的表现。透明性保证涉及人们对公开性的需要，即在信息公

---

① ［印度］阿马迪亚·森. 以自由看待发展［M］. 任赜，于真，译. 北京：中国人民大学出版社，2019：15.

② ［印度］阿马迪亚·森. 以自由看待发展［M］. 任赜，于真，译. 北京：中国人民大学出版社，2019：62.

③ ［印度］阿马迪亚·森. 以自由看待发展［M］. 任赜，于真，译. 北京：中国人民大学出版社，2019：63.

开的条件下自由地交易。防护性保障是国家或社会为那些处境较为不利状态下人们提供社会安全保障，以防止他们受到损害或挨饿甚至危及生命。

可行能力理论为职业教育治理相对贫困和振兴乡村提供了一个理论分析框架，拓展了职业教育振兴乡村的研究视角。其一，个体因为可行能力低于社会平均水平，导致收入水平不高，处于相对贫困状态。相对贫困是对绝对贫困的补充，具有贫困的内核，同时又表征为在教育、就业、医疗等方面处于不利的边缘地位。治理相对贫困，需要提升个体在教育、就业、医疗等方面的可行能力。其中，为相对贫困者提供受教育机会，教授文化知识与技能，能够增强相对贫困者摆脱困顿处境的内生动力，改善和提升生活处境与质量。良好的教育可以增强贫困人口摆脱贫困的内生能力，增加了进入主要劳动市场就业的可能性，提高收入从而改善了医疗保健、社会保障等生活处境，增强了反贫困的能力，进而不断改善自身的生活质量和品质。其二，个体基本可能能力被剥夺与社会制度安排有直接或间接的关系。一部分群体的可行能力不足主要是因为教育制度、就业制度、医疗保健制度等社会安排的结果，如我国城乡二元结构发展的社会安排使城乡发展差距拉大，部分乡村教育、就业、医疗等方面的社会机会及资源薄弱，限制或减少了民众的接受优质教育、医疗以及进入主要劳动市场的能力或机会，导致一些民众可行能力不足从而处于相对贫困状态。在破解个体可行能力被剥夺问题上，减贫的社会制度安排是关键所在。在提升可行能力方面，政策制定要关注处境不利群体的利益诉求，通过政策调适与规范市场行为，营造有利于乡村发展的环境，重视提升乡村相对贫困者的可行能力，减少相对贫困。其三，为乡村民众发展提供防护性保障。虽然我国步入了全面小康社会，但在部分乡村，仍然有群众因为收入低下、受教育水平低、就业难等而处于社会边缘的可行能力匮乏的状态。这部分群体可能因为健康而失去了劳动能力处于挨饿的边缘、也可能因为收入低下在最低生活贫困标准线上挣扎，国家通过提供社会安全保障的制度安排，为乡村部分群体提供政策兜底，使他们免于遭受贫苦。例如，通过制度安排，为乡村部分群体提供社会救济、低保，为贫困者提供就业机会，增强抵抗贫困风险的能力。

（三）人力资本理论及提升人力资本存量

“人力资本”的思想渊源可以追溯到亚当·斯密（Adam Smith），他在《国富论》中提出：“学习是一种才能，须受教育，须进学校，须做学徒，所费不少。这样费去的资本，好像已经实现并且固定在学习者的身上。这些才能，对于他个人自然是财产的一部分，对于他所属的社会，也是财产的一部分。”[①] 在亚当·斯密看来，固定在学习者个体身上的“才能”同财产一样，都是一种资本，而教育、学校、学徒是获取这种资本的途径。20 世纪 60 年代，美国经济学家西奥多·舒尔茨（Theodore W. Schultz）在第 73 届美国经济学年会上发表了题为《人力资本投资》的演讲，系统地提出了人力资本理论框架，标志着人力资本理论的产生，被誉为“人力资本理论之父”。资本不仅包括物力资本，还包括人力资本，人力资源包括劳动力数量和劳动力质量，其中劳动力质量是人力资本，人力资本体现为劳动者个体身上具有经济价值的知识、技能、能力、经验、健康等内容。他将人视为资本，从宏观视角用人力资本解释了经济增长的逻辑，基于对收入及劳动生产率差别的认知，指出人力资本是国民经济增长的主要原因。人们通过提升人力资本形成的知识和技能能够提高劳动生产率，进而增加收入。人力资本增长的速度远远大于物力资本以及收入的增长速度，人力资本的投资回报率大大高于物力资本，而大多数物力资本投资遵循收益递减规律，人力资本投资却具有收益递增的特点，因此应当加大人力资本投资力度。

西奥多·舒尔茨把提升人力资本的主要途径划分为五类：（1）与劳动者健康相关的活动；（2）公司的在职培训；（3）正式的学校教育；（4）成人学习项目；（5）个人和家庭为工作机会而进行的迁徙。[②] 其中最关键的途径是正规教育和在职培训、健康。人力资本总量的累积与经济增长并不呈现正相关，人力资本的结构和质量需要与经济社会发展的产业结构相匹配才能发挥效能，应当依据市场多变的供求关系来进行人力资本的投资。他依据人力资本理论提出一些政策建议，如：（1）改进税法支持人力资本投资；（2）人力资本闲置既是劳动收入的损失，又是人力资本投资的浪费；（3）促进职业的自由选择，减少职业选择障碍；（4）人力资本投资市场不完善，建立支持人力资本投资的贷款制度；（5）支持劳动力迁移，让劳动力市场中的个体更好地配置到效率最高的地方；（6）加大对低收入群体的人力资本投资；（7）由于教育投资面临太多的不确定性、需要较长的投资周期，而且不一定能够得到收益回报，政府需要加大

---

① Smith A. The Wealth of Nations [J]. Journal of Political Economy, 2011, 429 (6992): 616—617.

② Schultz, T. W. (1961). Investment in Human Capital [J]. The American Economic Review, 51 (1), 1—17.

教育投入；（8）政府投资普通教育是一种改进收入分配的有效途径；（9）建议发展中国家在工业化工程中重视物力资本投入，同时必须重视人力资本投资，如此才能真正实现农业与工业的现代化。[①] 西奥多·舒尔茨提出的九条建议，在经济和教育领域影响深远，已经成为大多数国家的政策。

西奥多·舒尔茨的人力资本理论对治理相对贫困和振兴乡村的启示主要有：其一，加大教育投资，提升相对贫困者和农民的人力资本是反贫困和振兴乡村的重要手段。农村地区采用正规学校教育、职业培训、健康教育等途径开发乡村的人力资本，能够增加个体的知识、技能、经验等人力资本存量，提高单位时间的劳动生产率进而增加收入和促进经济增长。国家及农村地区政府、家庭等要重视学校教育、职业培训、医疗保健等重要因素，为乡村民众提供优质的受教育机会和改进医疗设施。其二，提升农村地区民众的受教育水平，能增强个体的反贫困能力。教育是提升人力资本的重要途径，民众通过接受教育获得知识、技能以及非认知能力，受教育水平提高，这意味着个体具有获得就业机会的优势、能够参与复杂的劳动生产、增加收入，换言之，受教育水平影响就业机会和收入水平。在此意义上，教育成为一种收入分配的手段。其三，迁移促进劳动力转移就业，优化人力资本配置，降低贫困发生率。迁移使闲置劳动力流向劳动力缺乏、就业机会多和工资收入高的地区或工作岗位，劳动力在迁移就业过程中通过“干中学”又获得了工作技能及经验等，进一步提高了人力资本水平，增强了劳动力的可持续发展能力。现阶段，我国劳动力迁移是单向的，即乡村剩余劳动力流向城市，乡村劳动力在城市中就业，获得高于乡村的工资收入，改善了家庭生活状况。我国高度重视人力资本投资，持续加大教育经费投入力度，把提升人力资本视为治理贫困和促进经济增长的主要途径。

西奥多·舒尔茨主要从宏观层面研究人力资本和经济增长的关系，对微观层面的人力资本理论研究不够深入。1962 年，美国著名经济学家加里·贝克尔（Gary S. Becker）在《政治经济学杂志》杂志上发表了文章《人力资本投资：一个理论的分析》，从个体、企业、家庭微观层面深入研究人力资本投资收益行为，建立了人力资本微观决策理论的分析框架即人力资本投资理论[②]，拓展了

---

① 杜育红. 人力资本理论：演变过程与未来发展［J］. 北京大学教育评论，2020（1）：90—100.

② Becker，G. S. Investment in Human Capital：A theoretical analysis［J］. The Journal of Political Economy，1962，70（5），9—49.

教育投资成本收益率分析的研究视角。加里·贝克尔以理性人假设作为人力资本投资理论分析的前提条件，重点选择了在职培训作为建立人力资本投资理论的载体。他发现“在人力资本理论中，人们理性地考虑投资于教育、培训、健康、迁移甚至从根本上改变生活习惯的成本和收益”。人是理性的个体，追求人力资本投资的效用最大化，因此他们通过权衡投资成本和收益回报之后做出理性的投资选择。在竞争的劳动力就业市场中，企业、个体、家庭等在追求自身利益最大化过程中，发现接受在职培训后生产期间单位时间内的劳动生产率提高，边际产出增加，企业、个体、家庭的投资与收益发生了变化，于是企业愿意减少员工的工作时间送他们去接受在职培训并承担相关培训费用，个体通过培训获得使企业生产率提高和收入增加的技能。

美国著名经济学家罗伯特·卢卡斯（Robert E. Lucas）在西奥多·舒尔茨和加里·贝克尔的影响下，1988 年在《金融经济学杂志》上发表了《关于经济发展的机制》的文章，把人力资本作为独立的生产要素纳入经济增长模型，挖掘了人力资本的内涵、增长机制及其对经济增长的作用机制，构建了通过学校教育进行人力资本积累的模型和边做边学的专业人力资本积累模型[①]。罗伯特·卢卡斯将人力资本的效应分为内部效应与外部效应，内部效应是个体知识技能的增长对经济的效应，也会像物力资本一样发生边际收益递减，那么边际成本递减的人力资本将不会成会经济增长的动力；外部效应是脱离个体而存在的人力资本的社会遗传，人力资本促进各种生产要素相互作用的综合效应，以及这种效应对整个社会人力资本水平的影响[②]。继而，他根据效用范围将人力资本划为两部分，即直接用于生产的人力资本和用于人力资本积累，而人力资本积累的结果表征为脱离个体的整个社会的人力资本水平，人力资本存量决定了知识和技术的增长，保证了经济增长的长期可持续性。罗默把技术进步内化到内生经济增长模型，分析了人力资本和技术进步的关系，提出人力资本的存量是社会经济长期可持续增长的决定要素，技术进步是经济长期增长的核心[③]。他

---

① Lucas，R. E. Jr. On the Mechanics of Economic Development [J]. Journal of Monetary Economics，1988，22，3—42.

② Lucas，R. E. Jr. On the Mechanics of Economic Development [J]. Journal of Monetary Economics，1988，22，3—42.

③ Romer，P. M.，Jr. Endogenous Technological Change [J]. Journal of Political Economy，1990，98 (5)，71—102.

认为知识和技术因脱离个体而具有非竞争性、部分非排他性，所以无增长的上限，边际收益是递增的，所以技术进步是经济增长的内生动力，这解决了经济长期可持续增长的问题。实施乡村振兴战略，我国需要提升乡村劳动力整体的技能水平，将人力资源转化为人力资本存量，弥补人口红利消失的不足，提升农业现代化水平和推动农业经济持续增长。

美国经济学家詹姆斯·赫克曼（Heckman，J. J.）提出人的技能是国家财富的源泉，而生产率提升主要来源于人力资本的提升，其中人力资本包括认知能力和非认知能力，非认知能力具有较强的延展性，同认知能力一样重要，并在劳动力市场及个体成长中发挥着重要作用。[①] 我国现下的人力资本政策更多的是关注认知能力，非认知能力尚未引起足够的重视。个体在学习过程中重视认知能力和非认知能力的习得，因为非认知能力更多指向一种通用的、普适的可持续发展能力，能够激励个体终身学习知识和技能，乃至在求职、工作岗位上不断发挥着内在驱动的重要作用。为了更好地科学评价各种人力资本政策，他提出了全生命周期的学习与技能形成的动态分析框架，即著名的生命周期人力资本收益率曲线，如图 1-1 所示。詹姆斯·赫克曼认为人力资本积累是一个家庭、学校、企业共同协作的动态形成过程，在生命周期中的上一个学习阶段获得的技能会成为下一个阶段学习的初始条件与学习基础，前一阶段的投资会影响后期的投资收益率。在个体的生命周期中，不同的能力具有不同的形成关键期，一旦错过了能力学习的最佳关键期，能力补偿的成本是极为昂贵的，因此需要一个基于科学与经济学综合考虑的整个生命周期的人力资本政策设计。他发现学前教育收益率最高，学校教育、在职培训依次递减，所以基于投资最优的考量，人力资本越早投资越有利，投资更应投向年轻人、投向高收益率的项目。学前教育阶段是个体生命周期的早期发展阶段，家庭教育、学前教育是个体发展的基础和关键阶段，对后期人力资本投资收益影响较大，因此投资人力资本要从乡村娃娃抓起。

---

① Heckman，J. J.， & Carneiro，P. Human Capital Policy（NBER Working Paper 9495）[EB/OL]. 2003，Retrieved from http://www.nber.org/papers/w9495.

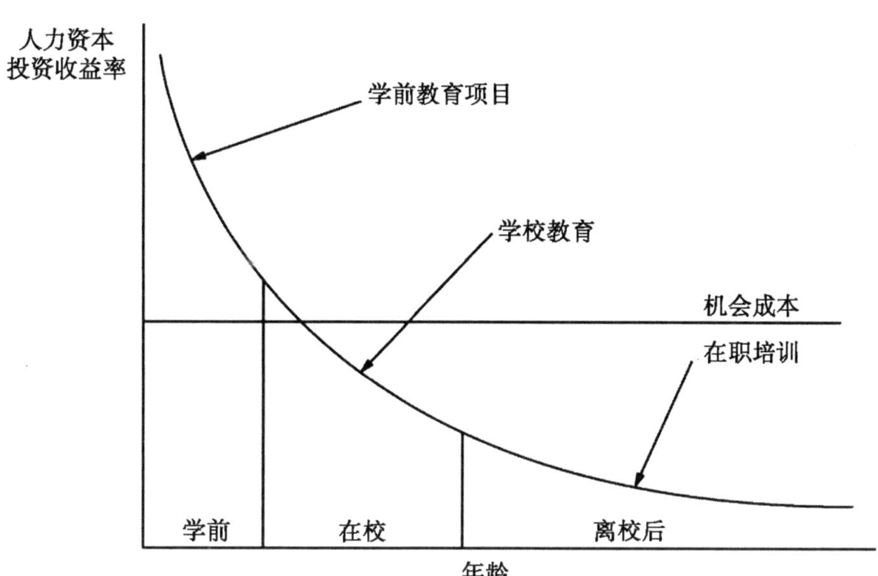

图 1-1　生命周期人力资本收益图

人力资本理论的代表性观点为我国实施乡村振兴战略提供了理论指导和参考借鉴。其一，人力资本是国民经济增长的主要原因，人力资本存量决定了乡村的经济长期增长和振兴。脱离个体的人力资本表现为社会整体的人力资本水平即人力资本存量，人力资本存量的外部效益会出现边际效益递增，尤其脱离个体的知识和技术成为乡村产业发展的决定因素和内生动力。乡村为保持经济的长期可持续发展，不仅要提升直接应用于农业一、二、三产业生产的人力资本，还要增加人力资本存量，不断应用革新推广技术，让技术进步成为乡村振兴的内生发展动力。换言之，提升人力资本存量是乡村振兴内生发展的手段和主要推动力。乡村振兴的关键不在于劳动力数量多少，而在于劳动力的质量及其技术进步。其二，乡村人力资本开发的关键途径是乡村教育和在职培训、迁移，乡村教育和在职培训、迁移的投资收益率高于其他途径的投资项目。农村农业经济持续增长的关键因素在于开发人力资本，教育是人力资本开发的主要途径。人力资本微观决策理论的分析框架为个体、家庭、企业投资人力资本项目提供了决策依据，个体、家庭、企业作为理性人为追求投资效用的最大化，会权衡投资成本和收益效用做出投资选择，从而实现自身利益的最大化。个人投资收益率较高的依次是教育、在职培训、迁移。企业选送员工接受在职培训，通过在职培训员工获得提升劳动生产率的技能从而增加了企业收益。同理，在农业现代化过程中，先进的农业技术、信息技术、人工智能将被广泛运用于乡村产业发展的各个环节，而乡村人力资本存量不足难以支撑农村农业现代化。当下，乡村一、二、三产业融合发展亟需各种技术技能人才，乡村发展主体可以通过职业培训方式开发人力资本，如家庭农场可以送培劳动力转型为职业农民、剩余劳动力通过技术培训获得电商运营、信息技术、旅游服务管理以及农业生产技术等知识和能力，推进农村农业现代化。

（四）现代化理论及促进农村农业现代化发展

以“传统—现代”为核心概念的社会发展理论便是通俗意义上的现代化理论，现代化理论因众多科学参与而成为一个综合性的社会发展理论，建立在“传统社会”与“现代社会”划分的基础上，而传统社会与现代社会的对立和转化是其理论的基本出发点①。由于现代化理论兴起的经济与政治背景，该理论主要是以欧美等发达国家的发展经验为主，以发展中国家的社会发展为目标的理论。第二次世界大战之后，世界各国都面临着战后经济恢复与重建的迫切任务，部分欧亚国家在美国的援助和自身努力之下，经济全面复苏，具体表征为生产力提高、经济持续增长、人民生活不断改善。与此同时，国际时局呈现以英美为首的西方资本主义阵营和以苏联为首的东方社会主义阵营，资本主义阵营为了扩大影响力和拉拢社会主义阵营国家，鼓励落后国家采纳西方的政治体制和发展模式，同时向一些落后国家提供经济、技术等方面的援助，大肆宣传西方资本主义发达国家的民主政治体制和文化、自由市场发展模式等，于是关于西方发达国家的“今天”就是落后国家的“明天”的现代化理论诞生。可知现代化的话语体系来源于西方，现代化理论是西方视角下的社会发展的理论体系，现代性以启蒙思想为核心，坚持理性和自由，强调人的主体性和自主性。

“现代化作为西方国家第一次工业革命掀起后兴起的一股以科技发展为先导，以工业化为动力，以市场化、商品化、城市化为潮流，由传统农业社会向现代工业社会转变的历史发展趋势，既反映着人类社会生产力发展方向，也是各个国家和民族不断赶超先进、走向世界前列的重要驱动力。”② 社会现代化是一个社会历史发展过程，按照现代化起步的时间早晚可划分为早发型和迟发型；

---

① 刘祖云. 发展社会学［M］. 北京：高等教育出版社，2021：26.

② 贺敬垒. 中国式现代化道路成功开辟的三重逻辑［J］. 学术界，2022（6）：46.

按照现代化最初启动因素的内外因可划分为内生型和外生型；按照现代化发展速度可划分为渐进型和赶超型等。社会发展的现代化表现在各个层面，如经济层面的工业化、社会层面的城市化、政治层面的民主化、文化层面的世俗化、观念层面的理性化等。西方传统现代化理论主要包括以下五大分支理论：（1）以帕森斯（Parsons，T.）等为代表的社会现代化理论；（2）以罗斯托（Rostow,W. W.）等为代表的经济现代化理论；（3）以阿尔蒙德（Almond，G. A.）等为代表的政治现代化理论；（4）以英克尔斯（Inkeles，A.）为代表的人的现代化理论；（5）以布莱克（Black，C. E.）等为代表的比较现代化理论等。[①] 经济现代化理论内容众多，如均衡发展与非均衡发展、自由主义与保护主义、进口替代与出口导向、计划与市场等内容。本研究主要介绍关于经济发展的均衡发展与非均衡发展。"均衡发展论"主张："低度平衡陷阱的每一个环节都存在紧密的连锁反应，如果只将资金注入某一个或几个工业部门，并不能冲破低度循环，即一部分工业的增长并不一定能带来其他经济部门的发展。"[②] "非均衡发展论"主张："如果主张将有限的资金分散地投入到所有经济部门，则不能充分发挥资金可能产生的效应，结果是所有部门都不能得到有效的增长。"[③] 各国在经济实践中，应根据现实发展情况选择"均衡"或"非均衡"的策略。

现代化理论发展伊始，关注经济持续增长，认为经济的持续增长必然推进社会的发展，结果在经济疯狂扩张过程中，社会收入差距过大、阶级矛盾尖锐、生态危机加剧等系列社会问题、生态问题层出不穷，西方国家逐渐意识到，经济发展只是社会整体发展的一个环节或部分，需要重视非经济因素对经济和社会、生态发展的影响。19 世纪末至 20 世纪初，西方国家部分学者如涂尔干（E. Durkheim）和韦伯（M. Weber）开始探讨传统社会与现代社会的基本特征，研究社会从传统社会走向现代社会的发展历程。列维（M. J. Levy）和艾森斯塔德（S. N. Eisenstadt）为现代化理论中制度学派的代表性人物，主要研究社会结构和社会制度对社会发展的影响。在列维看来，一个健全的社会制度式社会发展的必要条件，尤其在社会转型期，新旧社会秩序交替与建立时期，必须有一个强有力的社会制度稳定时局，这个和社会的各种人力、物力、财力

① 杨小微，游韵．教育现代化的中国视角［J］．教育研究，2021（3）：135－147.

② 刘祖云．发展社会学［M］．北京：高等教育出版社，2021：28.

③ 刘祖云．发展社会学［M］．北京：高等教育出版社，2021：29.

等资源，一同保障社会发展规划的执行和目标实现①。社会发展必将导致社会结构不断经历一个从分化到失衡再到重新整合的循环过程②。

与此同时，还一部分西方学者主要探讨国民人格与社会发展的关系，如哈根（E. Hagen）认为传统人格与社会发展的要求是背道而驰的，如此，社会发展应从着手改变国民的传统人格、培养创造型人格，具有创造型人格的国民将脱颖而出并且积极担当起促进社会发展的责任③。麦克莱兰（D. McClelland）则主张“心理决定论”，提出经济发展与社会兴衰是由国民的心理状态即成就欲望决定的，而成就欲望是以赚钱为职业志向、以聚集财富为目的的心理状态④。英克尔斯则提出人的现代化是社会现代化得以实现的先决条件，换言之，人的现代化是现代化的关键，并进一步指出现代人应具有，如准备并乐于接受新的生活经验、价值观念及行为模式；准备并乐于接受社会变革与变迁；善于独立思考并有独到见解，且尊重他人的观点等 12 项基本特征⑤。在这些人的现代化基本特征中，他着重强调了尊重与信仰科学技术指标，甚至将人的现代化程度问题视作民众科学素养问题。

新中国成立后，我国在确立社会主义制度后，着手推进中国社会主义现代化建设，开始主要学习苏联发展模式，在苏联援助下开展工业化建设。随着苏联模式日益暴露的弊端，我国开始在反思苏联模式和总结建设经验基础上，提出“中国式现代化”命题。在推进中国式现代化进程中，可以借鉴吸收西方现代化理论中的可取之处：其一，注重乡村社会发展的整体性。经济增长只是社会发展的一部分，应注重社会结构及社会制度、文化、国民人格等非经济因素对社会现代化发展的影响，关注社会制度、文化层面、人的现代化，把社会发展视为包括经济、制度、文化、人等在内的整体性发展。与此同时，社会包括城市和乡村两个组成部分，乡村社会的现代化是社会现代化的重要组成部分，

---

① Levy，M. J. Modernization and the Structure of Societies［M］. NJ：Princeton University Press，1966.

② Smelser，N. “Toward a Theory of Modernization” in Etioni，A. and Etioni，E.（eds.），Social Change［M］. NY：Basic，1964，268—284.

③ Hagen，E. On the Theory of Social Change in Two Indonesian Town［M］. Chicago：University of Chicago Press，1963.

④ McClelland，D. The Achieving Society［M］. NY：The Free，1967.

⑤ Inkeles，A. Making Men Modern［J］. American Journal of Sociology，1969（75）：208—225.

应缩小城市与乡村的发展差距。其二，注重乡村社会现代化发展的渐进性。乡村从传统社会向现代社会转变的过程是一个漫长的历史发展过程，传统并不绝对地意味着落后、愚昧、腐朽，必须扬弃，传统与现代并非对立和此消彼长。乡村社会接受、借鉴、吸收现代化的观念和制度，需要一个渐进的缓慢过程，渐进式的现代化进程能够避免社会快速变迁过程中产生的动荡和冲突。乡村振兴是一个漫长的现代化发展历程，乡村振兴的出发点和归宿都是为了乡村人民的发展，满足乡村人民对美好生活的向往，应当尊重乡村人民的发展意愿，并在乡村人民可接受、理解的范围内渐进地推进乡村五大振兴。其三，注重乡村社会发展的内因。社会现代化的发展动力主要来源于内部，以乡村社会文化为基础的人民的价值观念和行为取向对乡村整体社会发展起着关键性的决定作用。农业农村的现代化能否实现，关键在于乡村内部，换言之，乡村现代化进程落后与缓慢的根源在于乡村社会内部的传统性占据主体部分，现代化的社会结构、文化观念、政治制度、价值取向、现代化人格等现代性因素缺失。因此，全面推进乡村振兴需要激活乡村发展的内生动力，关注乡村社会发展的内因，构建乡村振兴发展的内生发展模式。其四，注重乡村社会发展的主体性。现代化理论关注非经济因素对社会发展的影响，人的现代化是社会现代化发展的先决条件，关注人的现代化发展尤为重要。由此可知，农村农业的现代化的本质是人的现代化。从现代化发展的目标上看，农业农村的现代化是为了人的全面而自由地发展、满足对美好生活的向往；从常识上看，人是现代化进展的推动者，现代化依赖于人的现代化。在此意义上，农业农村现代化是为了农民的现代化，农业农村现代化程度又取决于农民的现代化水平。因此，推动农业农村现代化要依靠农民，重视培养农民现代化的价值取向和人格。

（五）利益相关者理论及分类治理相关者利益诉求

基于利益纽带形成的城乡振兴共同体是一个典型的利益相关者组织。利益相关者理论是一种关于组织管理方面问题的理论，能为剖析校企命运共同体成员的关系提供理论工具。美国的爱德华·弗里曼（Freeman，R. Edward）在1984年出版的《战略管理：利益相关者方法》一书中提出“利益相关者理论”，该理论已经广泛运用到公司管理、项目管理、组织管理等领域，对于定向培训帮扶共同体治理也具有普适性。爱德华·弗里曼认为企业经营管理是管理者为综合平衡各个利益相关者的利益诉求而进行的管理活动，企业追求的应是利益相关者的整体利益。他从企业视角系统研究管理活动中的利益相关者问题，建立了一个以利益相关者识别、利益相关者行为分析和解释、一般管理策略的形成、具体管理计划和整体管理计划制定为中心的利益相关者战略管理框架模型[①]。爱德华·弗里曼给利益相关者下一个经典而又广义的概念，他认为“利益相关者是能够影响一个组织目标的实现，或者受到一个组织实现其目标过程影响的所有个体和群体”[②]，这为识别校企命运共同体的利益相关者提供了操作指南。识别利益相关者，分析利益相关者的权益和行为，关注利益相关者之间的利益互动，并将利益相关者合理的权益诉求纳入到组织相关制度规定中，通过尊重利益相关者的权益诉求，调动其行动积极性，从而保障组织目标的实现。

20 世纪 90 年代，美国学者米切尔和伍德提出了对利益相关者识别和分类的方法：即米切尔评分法。它是利益相关者识别和分类应用最为广泛的方法。米切尔等认为利益相关者具有合法性（某一群体是否被赋有法律上的对于组织的索取权）、权力性（某主体是否拥有影响决策的地位、能力和相应的手段）、紧迫性（某群体的要求是否立即引起管理层的关注）等三种属性。按照三种属性的具备情况，可将利益相关者主体划分成确定型、预期型、潜在型等三种类型。值得注意的是，利益相关者的类型会因利益变动而发生改变。

按照米切尔评分法，对职业教育城乡振兴共同体进行判断和界定，可以得出如下利益相关者类型：一是确定型利益相关者，主要是职业院校、乡村。这种利益相关者同时具有合法性、权力性和紧迫性。职业院校和乡村是城乡振兴共同体的最主要组成成员，同时具有三种属性，属于确定型利益相关者。二是预期型利益相关者，主要是乡民和教师。农民是城乡振兴共同体帮扶的受教育方，具有合法性、紧迫性，但无权利性，通常处于被动地位；职业院校教师是城乡振兴共同体的具体参与者与执行者，有合法性和权力性，但无紧迫性。三是潜在型利益相关者，主要包括教育行政部门、行业协会、其他社会组织。政府部门、行业协会具有权力性，但无合法性和紧迫性，因此属于潜在型利益相关者。从层级上看，教育行政部门又分为国家教育行政部门和地方教育行政部门。要识别利益相关者，分析利益相关者的权益和行为，关注利益相关者之间

---

① Friedman，Andrew L. Samantha Miles. Stakeholders Theory and Practice [M]. Oxford University Press，2006.

② Freeman，R. Edward. Strategic Management：A Stakeholder Approach [M]. Pitman Publishing Inc，1984.

的利益互动，并将利益相关者合理的权益诉求纳入组织相关制度规定中，通过尊重利益相关者的权益诉求，调动其行动积极性，从而保障组织目标的实现。

第二章　职业教育服务乡村振兴中的主要问题及原因分析

农村是国家现代化的重要组成部分，其中农村是社会发展的稳定器，农业是经济发展的压舱石。在后扶贫时代，乡村相对贫困治理成为三农工作的核心任务。农村职业，其教育对象是农村群众非在校学生，主要教育宗旨在于培养农村实用技术人才、懂农业生产技术且善管理扎根乡村的适用型人才等新型职业农民，提供农村种植养殖、产业化经营、生产管理等职业培训项目，向农民群众推广农业生产经营管理的新知识、新技术、新工艺。职业教育面向农村地区提供的职业培训不仅是推进乡村振兴的主要工作内容，更是实现治理相对贫困的载体，而职业培训的质量又是影响帮扶和振兴乡村的关键性因素。与此同时，中西部农村地区经济发展缓慢，相对贫困者以及部分脱贫者抵御风险能力脆弱，面临着返贫困的风险，主要表现为农村相对贫困人口较多、脱贫成果巩固难度大、相对贫困者技能贫乏等特征，以职业培训帮扶乡村技能之贫和促进乡村人才振兴已刻不容缓。反观当下，职业教育在帮扶与振兴乡村中存在多主体协同帮扶运行机制不够完善、协同帮扶精准度不够高、激发核心造血能力不足等主要问题，导致职业培训实施技能帮扶的成效大打折扣。基于此，有必要深入分析职业教育在帮扶和振兴乡村中主要问题及成因，为针对性地提高乡村帮扶和振兴成效提供参考。

一、职业培训运行机制不够完善，未形成帮扶振兴的合力

职业培训运行机制是治理相对贫困和推进乡村振兴的关键因素，由于职业培训帮扶运行机制未能明晰和规范各参与主体在帮扶和振兴中的职责、功能及行为，导致相关主体的参与积极性不够高，在具体实践中表现为帮扶资源分散、

行动上单兵作战、沟通协作不顺畅等问题。

（一）当地政府工作任务繁重，推进动力不够充足

当地政府把巩固脱贫成果与推进乡村振兴作为重点工作任务，把开展职业培训服务乡村产业振兴视为地方政绩工程，在乡村农民群众、相对贫困者与行业企业、职业院校之间搭建合作桥梁，积极为农民群众、相对贫困者提供就业培训，为农民群众、相对贫困者争取创业培训项目等。地方政府工作任务繁重，尤其是基层政府，工作人员人数比较少、工作任务又比较重、事情繁杂，工资待遇并未因工作量增加而增加，在项目推进和执行中，工作人员心有余而力不足。据课题组访谈某职业培训项目的负责人反馈，某地方县政府积极协调促进该地的行业企业与职业院校合作为农民群众提供职业技能培训，并为参与培训学员提供路费、住宿费、学费，甚至提供了生活补贴。但是在桥梁搭建之后，政府部门在后续培训项目帮扶的实施、监管过程中缺位，没有分配固定的工作人员跟进职业培训帮扶工作和协调培训学员在校遇到的问题。地方政府也没有给予职业院校、企业等主体一定的经费支持或政策奖励，导致职业院校出于办学成本收益的考量而不愿意再提供类似的服务项目，企业因未得到相应的物质回报中断了后续合作。

（二）培训学员退学人数较多，降低了教育资源利用率

职业培训学员中途退学人数较多，坚持到结业的比较少。以某职业技能培训项目为例，该培训项目招生 30 人，其中中途退学 18 人，坚持到结业的只有 12 人。退学原因主要为：一部分培训学员因为受教育水平不高，在职业培训过程中学习专业知识与技术技能有困难，觉得放下笔多年，难进入学习角色，无法完成职业培训规定的任务，不得不退学；另一部分培训学员思想观念落后、目光短浅，认为即使不接受职业培训，外出务工依然可以获取一定的经济收入，在职业院校接受职业培训结业后，到工厂工作依然是一样的工资，并且接受职业培训需要付出时间成本和精力，耽误了赚钱，为了眼前的短期利益，选择中途退学，放弃了习得一技之长；此外还有一部分培训学员认为学习枯燥乏味，厌烦学业，想逃离职业培训。培训学员群体中很多人在社会中工作一段时间，受社会影响与家庭牵绊，无法潜下心来学习专业技能。培训学员中途退学，不仅浪费了有限的宝贵职业培训资源，培训学员未形成规模，而且影响帮扶成效。

（三）行业企业参与动力不足，合作稳定性不高

行业企业参与职业培训帮扶的原因，一方面是行业企业生产发展急需一定数量的技术技能人才，缺乏专业背景或技能的工人无法胜任工作要求；另一方面是行业企业出于服务乡村振兴的社会责任，愿意为农民群众提供就业机会，服务区域经济社会发展。在合作帮扶之初，双方签订协议，约定行业企业为受培训的学员提供就业机会和工作岗位，当地政府承诺给予税收、土地、资金等方面的政策优惠，但是在实践过程中，当地政府并未给企业提供上述优惠政策，企业积极性受损，影响了后续合作，导致项目合作中断。

（四）社会参与度不高，缺乏崇尚技能的社会氛围

职业培训帮扶是公益性事业，需要得到社会各方的支持，不仅需要农村家庭鼓励家庭成员接受职业培训以习得安身立命之本的一技之长，还需要社会各界为职业院校提供优质的职业教育资源与实习场所、就业机会。当下，社会各界给予职业院校的职业培训的支持力度还不够，参与举办职业培训的积极性还不够高，甚至社会对职业教育存在偏见，认为职业教育是差生的教育，不认可职业院校毕业的学生，尊重技术技能人才的社会劳动氛围尚未形成。由此可知，当地政府机构、行业企业、职业院校参与举办职业培训帮扶的积极性不够高，协作联动振兴乡村的合力没有形成。

二、职业培训的精准度不够高，影响帮扶目标达成

职业培训不仅是实施帮扶工作的主要工作内容，更是实现乡村整体社会振兴目标的载体，在此意义上，职业院校应提供高质量的职业培训。当下，职业院校的职业培训的精准度不够高，集中表现为人才培养的针对性不够、培训内容的实用性不够强。

（一）职业培训项目开设与区域产业结构不匹配

在大力推进农业农村现代化的时代背景下，职业教育应扎根农村地区，面向农村产业发展需要和农民群众成长诉求，培养振兴乡村的新型职业农民。职业教育培训的项目设置灵活、培训周期短、教学内容偏重技术技能培养，使其能够很好地适应市场发展需要，为人们接受终身教育提供机会。然而部分职业

院校在开设培训项目即专业时，大多是跟风开设市场上热门的就业专业，或者开设专业与当地产业结构不匹配，导致培训后的学员在当地无法就业，转移就业到经济发达地区；当地行业企业招不到技术技能人才，技术工人紧缺。部分农村地区“产业发展与职业教育间存在‘自上而下’的‘以供定需’、单纯市场导向的‘以需定供’和‘以利定供’等供需关系”①，这种产业结构与职业培训项目间的供需错配及盲目性，造成职教资源的浪费、结构性失业以及产业发展滞后等问题。为避免此种“产业”与“教育”、人才培养与乡村振兴需求的脱节问题，职业教育发展立足区域经济发展，为当地行业企业量身定制培养“留得住、用得着”的技术技能人才，应成为职业院校职业教育培训的目标定位。据课题组调研发现，Z县职业学校在专业开设方面，与市场需求同步，很容易出现人才培养同质化和就业竞争内卷化，使行业企业对人才需求过剩，培训学员就业难问题。

农村职业教育应考虑到就业风险和学员的可持续发展能力，职业院校在开设培训专业项目时还要着眼于未来培养学生的综合能力，使其能应对瞬息万变的市场需求。目前，“农村职业教育的开办模式以学校为主，培训为辅，且职业培训呈现出‘漫灌’态势，不能满足农村、农民的多样化和个性化需求”②。在访谈Z县职业学校某教师关于开设特色专业存在如下问题：涉农专业开设不足，大多开设例如计算机、电焊、汽修、电子电工、学前教育等就业热门专业，服务乡村振兴的定位不够明确。热门专业的就业待遇高，第一年月工资4000元以上，一年以后6000多元。根据市场需求设置专业。虽然市场的需求是不断变化的，但是市场上有些需求是不变的，因此开设专业变化不频繁。如2021年江西省分级评定的3所中职学校，“3所县域中职学校涉农专业不多，只有茶叶生产与加工、中草药种植与管理等与农业相关；学校之间专业的同质化现象较为严重，均设有计算机、电子商务等专业，且中职学校与高职、本科在专业设置上也没有较大区别”③。

---

① 徐小容，朱德全．倒逼到主动：职业教育质量治理对区域经济社会发展的适应性研究［J］．职业技术教育，2018（10）：47—52.

② 祁占勇，王晓利．农村职业教育培育新型职业农民的现实困顿与实践路向［J］．陕西师范大学学报（哲学社会科学版），2021（06）：129.

③ 张阳．农村职业教育助力乡村振兴的特色经验、瓶颈问题及优化路径［J］．中国职业技术教育，2022（09）：81.

（二）职业教育培训课程设置与岗位能力要求不适应

课程是职业院校实施职业教育培训帮扶的载体，是提升培训学员文化素养和技术技能水平的关键举措。首先，职业教育培训在设置课程内容时，忽视了受培学员已有的年龄、从业经历、教育背景及文化基础等信息，学员在接受培训时感觉学习吃力，产生厌学情绪，甚至有的学员有些急功近利，要求职业院校教授能赚钱的核心技术，忽视文化知识教学。有的职业院校囿于自身办学硬件设施建设，实训教学师资力量薄弱、校内实训场地不足及实训设备紧缺、校外实习实训机会不足等，培训内容偏重专业知识及技术传授，对文化基础知识及职业素养关注不够，不利于培训学员提升文化素质和获得迁移能力，这将阻碍培训学员的可持续发展能力，一旦失业又将面临返贫的风险。其次，培训项目主要是为劳动力转移就业服务，培训内容呈现城市化发展倾向，对职业农民培训的关注力度不够，忽视了乡村振兴的发展需要。如我国农村劳动力培训项目主要立足于城市发展需要，呈现服务城市的价值取向，多以电焊、育婴师、家政服务等专业为主，涉及农业种植、养殖、经营、管理等项目的较少①。

再者，职业院校在培训过程中未及时将行业企业生产一线的新技术、新工艺等内容引入培训内容，使教学内容落后于企业岗位能力要求。如某校在实训教学过程中的设备是企业淘汰已久的设备，培训的生产技术已不符合现有生产安全需要，如此职业教育培训的人才培养规格与行业企业岗位能力需求之间存在较大差距。访谈该校某教师关于课程设置方面的问题，他指出：课程基本上合理，受条件限制；实训的设备少，不能满足需求；场地小，如实训少，学习理论多，动手课少。总之，农村职业教育应契合乡村经济发展实际，结合农民成长成才需求，开设培训项目，采取线上线下、学校教育、社会培训等不同教育形式灵活地提升农民的文化知识及技术技能。

（三）农村职业教育的师资力量相对薄弱

农村职业教育的双师型教师数量不足，缺乏高水平的技术技能人才。农村职业教育培训因缺乏专门的技术人才导致培训质量不高，双师型教师缺乏成为

---

① 祁占勇，王晓利. 农村职业教育培育新型职业农民的现实困顿与实践路向［J］. 陕西师范大学学报（哲学社会科学版），2021（06）：126－136.

制约当地职业教育发展的瓶颈。良好的师资决定了职业学校的办学质量，依靠职业教育帮扶当地农民群众的技能之困，还需要扶农村职业教育领域双师型教师之贫乏。当前，农村职业教育不仅仅需要资金支持，还亟需一大批双师型教师来提升培训力量。据课题组调研，Z 县某职业院校的大多数教师第一学历水平符合教师职业资格水准的要求，教师第一学历的主要组成部分，排首位的是大专学历，其次是本科，极少数的高中学历教师。“以中职学校为例，中职学校文化课教师多，专业课教师少；老教师多，青年教师少；理论教师多，实训教师少。很多县域内中职学校还要承担职业技能培训、鉴定，专业技术学人员继续教育、农村劳动力培训、社区教育、老年大学等工作，造成教师总体树立上不足，结构上不合理，专业层次不高”①。

随着职业教育扩招，学生规模扩大，专业教师、双师型教师紧缺问题更加突出。职业院校教师与普通教育学校师资的明显的差异在于，前者需要有扎实的专业技术，如此才能教导学生习得一技之长。据课题组访谈当地职业院校领导及教育行政部门工作人员，他们共同提到不仅职业院校的教师队伍中缺乏专业技术人才，而且县里同样缺乏专业技术人才。据“三区三州”职业教育发展现状调查显示，“按生师比 20∶1 测算，凉山州目前师资缺口 275 人；阿克苏地区中职学校到 2023 年、2025 年教师缺口分别超过 2200 人、2500 人，专任教师缺口分别为 1100 人、1400 人左右。青海海南州某职业技术学校生师比达 45∶1，学校开设 23 个专业，专业对口教师仅 37 人，每个专业的专业教师不足 2 名。学校‘双师型’教师仅 7 人，占比 9%”。据课题组调研统计，某职业院校的职业培训师资配备方面，首要问题是缺乏专业技术人才，即 66.1%的教师认为在师资配备上存在专业技术人才缺少的问题。

三、乡村发展空心化，部分群众内生发展能力不足

受传统“以农养工”的工业化发展道路影响，城市现代化发展优先于农村，城市的经济发展、就业机会、教育医疗等公共服务设施等对乡村的“虹吸效应”显著，乡村社会在城市化进程的倒逼下越加衰落，出现农村产业边缘化、乡村

---

① 徐春梅，吕莉敏. 职业教育服务乡村人才振兴的价值追求与功能定位研究［J］. 中国职业技术教育，2022（12）：34.

社会人才空心化、农民内生发展动力不足等问题[①]。

(一) 农村人力资源外流及新型职业农民缺乏

受我国社会城乡两分的经济发展体制的长期影响，人力资本呈现乡村流向城市的单向输入格局，乡村教育亦是一种为城市育才选才的教育样态，造成乡村精英短缺、乡村劳动力老龄化。随着城市化发展进程加快，城市工资收入水平较高、就业机会相对增多，吸引农村人口转移到城市就业，农民的乡土性发生变化。土地不再是农民的安身立命之本，不再是束缚农民跨地域流动的主要因素，大量农民远离农村与农业，部分农民农闲时进城务工、农忙时回乡务农，农民的后乡土性特征凸显。据第 7 次人口普查数据显示，“2020 年，流向城镇的流动人口为 3.31 亿人，占整个流动人口的比例 88.12%，其中从乡村流向城镇的人口为 2.49 亿人，较 2010 年增加 1.06 亿人”[②]。

大量青壮年农民进城务工，必将出现土地抛荒、老人务农的现象，农村劳动力缺乏，老人和小孩子无法成为实现乡村振兴的主力，从侧面也反映出农民对务农致富的信心不足、成为职业农民的意愿不强。据调查显示，在 301 位农村社区劳动力中，仅有 40%左右的农民愿意成为职业农民[③]，可见大部分农民尤其新一代年轻人不愿意成为职业农民，然而乡村振兴对新型职业农民需求量庞大。乡村发展滞后于城市，又导致外出求学的学子以及务工人员不愿返乡就业。据清华大学社会科学学院的一项调查显示，70%以上的农民工不打算回乡就业，80%的农民工不愿意选择在农村工作[④]。新型职业农民是实现乡村振兴的中坚力量，满足乡村振兴发展对大批高质量的新型职业农民的需求成为乡村社会亟待解决的难题。

---

① 孔祥利，夏金梅. 乡村振兴战略与农村三产融合发展的价值逻辑关联及协同路径选择 [J]. 西北大学学报（哲学社会科学版），2019 (2)：10—18.

② 第七次全国人口普查主要数据结果新闻发布会答记者问 [EB/OL]. (2021-05-11) [2022-8-3]. http://www.stats.gov.cn/tjsj/zxfb/202105/t20210511_1817274.html.

③ 钟涨宝，贺亮. 农户生计与农村劳动力职业务农意愿——基于 301 份微观数据的实证分析 [J]. 华中农业大学学报（社会科学版），2016 (5)，1—9.

④ 谢元海，闫广芬. 乡村之恶意教育的应然价值取向：生计、生活与生态——以乡村振兴战略为视角 [J]. 教育发展研究，2019 (1)：10—16.

（二）部分农民文化素质偏低及缺少一技之长

乡村部分农民文化素质偏低、缺少一技之长、高素质劳动力流失成为乡村产业振兴及人才振兴的主要障碍。农村务农人员结构更加复杂，不仅包括长期从事农业生产的个体，而且存在返乡农民工、退伍军人以及返乡创业青年等多种务农主体。在新型职业农民短缺的同时，乡村还面临着失地农民转移就业的劳动力闲置问题，这部分农民文化程度普遍偏低、技术技能普遍缺乏，努力奋斗的进取心也不够强，可谓是综合素质较差、内生发展能力不足，集中表现为能力贫困。据国家统计局调查数据显示："2018 年农民工总量约 2.88 亿人。全部农民工中，未上过学的占 1%，小学文化程度占 13%，初中文化程度占 58.6%，高中文化程度占 17.1%，大专及以上占 10.3%。"[①] 文化素质偏低的这部分农民群体不仅很容易脱贫后返贫，而且会把可行能力低下的相关条件和因素在家庭内部以及成员代际间持续传递。"只有将提升人的可行能力作为教育缓解相对贫困的前提，才能摆脱贫困难题，最终实现消除贫困的目标"[②]。

在培训过程中，部分农民群众思想落后，仅顾及眼前的利益，追求立竿见影的经济回报，只关注和学习解决就业问题的知识和技术技能，功利性较强，未能树立终身学习意识，导致部分农民群众创新意识缺乏、迁移就业能力偏低、岗位责任意识淡薄，阻碍内生发展能力提升。我国大部分相对贫困的农民群众技术技能贫瘠，缺乏维持生计和实现迁移就业的"一技之长"，依靠传统的农业生产方式获取微薄的劳动收入，核心造血能力不足，无法依靠有限的土地实现致富。还有一部分相对贫困的农民群众因技术技能低下，只能从事技术含量低的工作，处于次要就业市场的不利地位，依靠出卖体力劳动获取微薄劳动收入。技术技能是人安身立命之本，更是支持农民群众在就业市场获取工作机会、提高收入水平的直接推动力。

---

① 国家统计局. 2018 年农民工监测调查报告［EB/OL］.（2019-4-29）［2022-8-10］http//www.stats.gov.cn/tjsj/zxfb/201804/t20180427_1596389.html.

② 袁利平，李君筱. 教育缓解相对贫困的实践逻辑与路径选择［J］. 苏州大学学报（教育科学版），2021（01）：39—47.

第三章　职业教育服务乡村振兴的逻辑机理与实现路径

在实现全面建成小康社会的目标之后，我国迈入了全面建设社会主义国家的新征程。在新征程中，职业教育需要开发帮扶新模式，巩固脱贫成果、治理相对贫困及推进乡村振兴。巩固脱贫成果和推进乡村振兴在目标、功能、任务、路径等方面具有交叉与承接关系，为脱贫攻坚对接乡村振兴提供了发展基础。我国乡村地域空间差异显著，乡村振兴具有独特的区域性、文化性。中西部农村地区是实施乡村振兴战略的主战场。职业教育在中西部地区乡村振兴中具有建构性作用和手段性的工具作用，两者双向互动、协同发展。为提升服务乡村振兴的成效，职业教育应遵循打造振兴共同体、坚持城乡融合发展、做好脱贫攻坚与乡村振兴衔接、采取内生发展方式的行动逻辑。坚持职业教育功能发挥对接乡村振兴发展实际，开展定向培训、传承乡土文化，能为全面推进乡村振兴奠定基础。

一、农村职业教育的使命责任

2021 年 1 月，中共中央国务院印发了《关于全面推进乡村振兴加快农业农村现代化的意见》，明确提出："持续巩固拓展脱贫攻坚成果。健全防止返贫动态监测和帮扶机制，对易返贫致贫人口及时发现、及时帮扶，守住防止规模性返贫底线。"农村地区是职业教育精准帮扶的重点区域，尤其是经济发展相对落后的边远农村地区，相对贫困人口偏多、脱贫成果巩固难度大、面临着较高的返贫困风险。目前，学术界关于职业教育服务乡村振兴的宏观理论研究较多，大多数学者从共性层面研究脱贫攻坚与乡村振兴的衔接逻辑、耦合机制，而从个性层面探究依靠职业教育定向培训推进巩固拓展脱贫成果与推进乡村振兴有效衔接的具体实践路径研究较少。高职院校需要重新审视职业教育在“巩固拓展脱贫成果”与“乡村振兴”有效衔接中的功能定位与手段选择，积极跨界整合社会优质教育资源，开发与创新依靠职业教育促进中西部地区农村相对贫困治理与振兴的新模式。

（一）国家政策导向：巩固拓展脱贫成果同乡村振兴有效衔接

我国的减贫政策正从脱贫攻坚战略向全面推进乡村振兴转变。十八大以来，党和国家高度重视扶贫开发工作，将 14 个连片特困地区作为脱贫攻坚的主战场，大力实施精准扶贫。这些贫困地区具有少数民族分布相对集中、贫困人口多、贫困程度深、脱贫难度大等特征。作为“造血式”的内生性职业培训扶贫是脱贫攻坚的重要举措，能提高贫困者的知识水平和劳动技能，阻断贫困代际传递。2015 年 11 月 27 日，习近平总书记在中央扶贫开发工作会议上的讲话强调：“脱贫攻坚期内，职业教育培训要重点做好。一个贫困家庭的孩子如果能接受职业教育，掌握一技之长，能就业，这一户脱贫就有希望了。”这一理念说明，职业教育培训扶贫已经成为我国精准脱贫的重点工作，高职院校开展职业培训扶贫是服务脱贫攻坚战略的需要。2015 年 12 月，《中共中央国务院关于打赢脱贫攻坚战的决定》明确提出，“加快实施教育扶贫工程，让贫困家庭子女都能接受公平有质量的教育，阻断贫困代际传递”。2017 年 9 月，《关于支持深度贫困地区脱贫攻坚的实施意见》进一步扩大职业教育扶贫的覆盖面，从帮扶学校学生扩容到社会贫困劳动力，“加强对深度贫困地区贫困家庭劳动力技能培训和就业服务，提升培训服务针对性和有效性，确保贫困家庭劳动力至少掌握一门实用技能”。在民族地区职业院校与政府、行业、企业协作实施职业教育精准扶贫，结合区域产业结构和技工短缺、贫困劳动力情况开展职业技能培训，以技能扶贫赋予贫困者核心造血能力尤为迫切。

2018 年 1 月，教育部、国务院扶贫办联合发布了《深度贫困地区教育脱贫攻坚实施方案（2018—2020 年）》，要求“坚持精准扶贫、精准脱贫基本方略，以‘三区三州’为重点，以补齐教育短板为突破口”“切实打好深度贫困地区教育脱贫攻坚战”。2019 年中央一号文件要求“做好脱贫攻坚与乡村振兴的衔接，对摘帽后的贫困线要通过实施乡村振兴战略巩固发展成果”，2020 年中央一号文件又提出“加强解决相对贫困问题顶层设计，纳入实施乡村振兴战略统筹安排”，治理相对贫困是乡村振兴战略的主要任务之一。2021 年中央一号文件再次强调，“设立衔接过渡期。脱贫攻坚目标任务完成后，对摆脱贫困的县，从脱贫之日起设立5年过渡期，做到扶上马送一程。过渡期内保持现有主要帮扶政策总体稳定，并逐项分类优化调整，合理把握节奏、力度和时限，逐步实现由集中资源支持脱贫攻坚向全面推进乡村振兴平稳过渡，推动‘三农’工作重心历史性转移”。脱贫地区在国家政策大力扶持下消除了生存型的绝对贫困，发展型的多维相对贫困依然存在，一旦国家扶持政策和帮扶力量退出，脱贫地区脱贫攻坚成果的不稳定性及脆弱性，很容易返贫困。当下，“在已脱贫人口中近200万人存在返贫风险，边缘人口中还有近300万存在致贫风险”①。“我国正处于脱贫攻坚与乡村振兴统筹衔接的历史交汇期，做好二者的有机衔接和协同推进，既有利于巩固脱贫攻坚成果，培育长效脱贫机制，又有利于促进农业农村优先发展，推动乡村全面振兴”②。

国家扶贫政策发生变迁，职业教育扶贫事业的工作重心应随之发生转移，目标任务应从消除绝对贫困转向治理相对贫困、从脱贫摘帽走向巩固拓展脱贫成果与实现乡村振兴。2021年中央一号文件要求“持续巩固拓展脱贫攻坚成果”“接续推进脱贫地区乡村振兴”，可见巩固拓展脱贫攻坚成果是乡村振兴战略的主要任务之一，推进乡村振兴是巩固拓展脱贫攻坚成果工作的延续和工作重心。2021年3月，中共中央、国务院印发了《关于实现巩固拓展脱贫攻坚成果同乡村振兴有效衔接的意见》，要求“坚持以人民为中心的发展思想，坚持共同富裕方向，将巩固拓展脱贫攻坚成果放在突出位置，建立农村低收入人口和欠发达地区帮扶机制，健全乡村振兴领导体制和工作体系，加快推进脱贫地区乡村产业、人才、文化、生态、组织等全面振兴，为全面建设社会主义现代化国家开好局、起好步奠定坚实基础”。该文件为脱贫地区巩固拓展脱贫攻坚成果同乡村振兴有效衔接安排了重点工作内容，支持脱贫地区乡村特色产业发展壮大，促进脱贫人口稳定就业，持续改善脱贫地区基础设施条件，进一步提升脱贫地区公共服务水平，健全农村低收入人口常态化帮扶机制重点工作。防止返贫和巩固脱贫成果是全面实现乡村振兴的先决条件，脱贫地区脱贫者可持续发展和经济社会良性发展为推进乡村振兴提供发展基础。高职院校需要重新审视

---

① 习近平．在决战决胜脱贫攻坚座谈会上的讲话［EB/OL］．(2020-3-7)［2022-8-11］http://www.gov.cn/xinwen/2020-03/06/content_5488175.htm.

② 尉成辉．实现脱贫攻坚与乡村振兴有机衔接［N］．经济日报，2020-01-13.

职业教育在中西部乡村帮扶与振兴中的功能定位与发展进路。

（二）治理相对贫困：职业教育肩负乡村振兴的时代责任

随着脱贫攻坚战略大力推进，国家减贫脱贫取得显著成效，但是也必须看到，集中连片特困地区、革命老区、民族地区、边疆地区深度贫困问题突出，攻坚任务依然很严峻。一方面，相对贫困人口的数量依然很庞大。根据国家统计局发布的《2014年国民经济和社会发展统计公报》数据显示，按照年人均收入2300元（2010年不变价）的农村扶贫标准计算，2014年农村贫困人口依然有7017人，距离2020年年底实现贫困人口全部脱贫的目标，精准扶贫工作依然任重道远。另一方面，特别是连片特困地区、民族地区、革命老区依然是脱贫攻坚的重点攻克对象。国家把连片特困地区作为脱贫攻坚的主战场，这些地区贫困程度更深，减贫难度更大，而且易返贫现象严重，因病、因自然灾害等问题返贫情况时有发生，新的贫困人口也不断出现，仍然是实现消除绝对贫困的最突出短板。

职业教育巩固拓展脱贫攻坚成果、防止脱贫人口返贫是实现乡村振兴的基础条件。新时期，农村地区部分群体进入了相对贫困状态。贫困是一个动态发展的多维概念，随着时间与地域的变化被赋予新的时代内涵。从经济学角度看，贫困按照收入贫困线，可划分为绝对贫困和相对贫困。绝对贫困描述了贫困群体不能维持正常基本生活需要的一种生存状态，通常用收入来衡量。相对贫困是指相对于社会上其他人的生活水平而言，一部分人处于社会低水准的一种生存状态。新时期的贫困表现为一种多维的相对贫困状态，不仅仅指物质上的匮乏以及经济上的落后、收入上的差距，更多的是指部分群体在思想道德、文化知识与能力、价值观念、能力等方面的匮乏或滞后，在教育、就业等方面被排斥、处于弱势地位的相对贫困。

在后扶贫时代，职业教育做好精准扶贫与乡村振兴的有效衔接，发挥职业培训之扶贫与振兴的功能，是职业院校服务中西部农村地区乡村振兴的时代责任。在脱贫攻坚时期，国家在人力物力上给予贫困地区大力倾斜与支持，使民族地区的贫困状况在短时间内得到好转，一旦这些外源性帮扶措施消失，已脱贫的人口很容易再次返贫。“2020年绝对贫困消除以后，将重点解决相对贫困人口发展问题，相对贫困人口依然存有底子薄弱、抗风险低、造血能力差、返贫概率高等现实难题，因此防止贫困的末端波动、深入持续推进相对贫困群体的发展型改善，是‘十四五’时期面临的核心挑战，巩固脱贫成果任务任重业艰”①。“职业教育是教育扶贫的排头兵，是见效最快、成效最显著的扶贫方式”②，“职业教育服务乡村振兴效果显著，贡献率高达16.19%，投资回报比可观”③，需要发挥职业教育在巩固脱贫成果和实现乡村振兴中的基础性作用。然而职业教育精准扶贫在实施过程中依然存在着扶贫目标的悬浮化、扶贫方式的技术化治理缺乏、扶贫效果的可持续性发展缺失的三重困境④，需要高职院校整合社会扶贫资源开发职业培训精准帮扶模式。本研究在职业服务乡村振兴调研与帮扶实践中发现，职业培训内容与中西部农村地区相对贫困者就业需要的契合度不够、多主体协同扶贫运行机制不够完善、协同扶贫精准度不够高、相对贫困者的核心造血能力不足，导致职业教育服务乡村“五位一体”振兴的成效大打折扣。聚焦区域经济发展和个人成长，明确职业教育服务乡村振兴的价值取向和功能定位，探索服务乡村振兴的帮扶模式和实现路径已刻不容缓。

（三）多主体协作帮扶：全面推进乡村振兴需要多主体参与

中西部农村地区地域的独特性和经济社会发展的特殊性使其成为推进乡村振兴的主战场。如滇桂黔石漠化片区乡村振兴多项指标发展滞后，与全国平均水平差距大⑤。西部农村地区的主要特征是自然条件差、经济基础弱、返贫风险大，特别是因病因学因残因灾致贫返贫等社会性致贫问题凸显，亟需加大公共基础设施建设、提高教育回报收益率、提升公共医疗服务水平等，要求多主体服务乡村建设。

乡村社会发展需要多主体协作治理相对贫困。中西部农村地区地方政府在治理相对贫困过程中，其组织职能容易受到部门条块分割影响，导致信息在层级传递过程中受损或变异、不同执行部门之间的利益冲突，极大影响政府内部

---

① 李涛，等．“十四五”时期中国全面建设小康社会后教育扶贫战略研究［J］．教育发展研究，2020（23）：30．

② 职业教育：教育扶贫的“排头兵”［N］．中国教育报，2019-10-17．

③ 朱德全，杨磊．职业教育服务乡村振兴的贡献度——基于柯布-道格拉斯生产函数的测算分析［J］．教育研究，2021（6）：112．

④ 刘世清．目标悬浮、技术化治理与可持续性缺失——后扶贫时代教育精准扶贫如何继续前行？［J］．南京社会科学，2021（5）：146－152．

⑤ 李英勤．滇桂黔石漠化片区精准扶贫与乡村振兴的逻辑关系及推进对策［J］．黔南民族师范学院学报，2020（6）：89－94．

多组织部门协作建设乡村的效能。在相对贫困治理背景下，“政府、社会、市场等贫困治理主体因为联系不够紧密、配合不够默契，导致扶贫政策实施相对比较散乱和扶贫治理效果脱离预期目标的现象”①。相对贫困更多表征为一个整体的社会发展问题，治理相对贫困超越了收入提升的经济维度，广泛涉及教育、医疗、就业、社会救助等领域，需要各领域跨部门协作治理。中西部农村地区推进乡村振兴是一个复杂的系统工程，与社会特殊困难群体的兜底保障相比，更加具有普惠性、覆盖面更加广泛、建设任务更加复杂艰巨，涉及产业发展、人才队伍建设、文化建设、生态文明建设、组织治理等方方面面，需要多主体协同参与治理相对贫困问题和服务乡村振兴。

二、职业教育是乡村振兴的内容与工具

党的十八大以来，以习近平同志为核心的党中央高度重视“三农”问题，把解决“三农”问题工作置于全党工作重中之重的战略地位，大力推进脱贫攻坚，经过不懈努力消除了农村绝对贫困，解决了农村贫困人口的温饱问题。在脱贫攻坚任务完成之后，我国“三农”工作的重心发生了历史性转移，正逐步由集中资源实施脱贫攻坚向举全党全国之力全面推进乡村振兴过渡，面向中西部农村地区的职业教育工作重心必将随之发生迁移。2021年，国家开始全面推进乡村振兴的战略部署，从产业、人才、文化、生态、组织的社会整体层面推进乡村的全面振兴。全面推进乡村振兴，意味着乡村振兴是乡村社会这一有机整体的发展与振兴。在此意义上，职业教育服务乡村振兴具有两层含义，一方面职业教育是乡村振兴的内容，高质量的职业教育是服务乡村振兴的前提条件；另一方面职业教育是乡村振兴的重要手段，职业教育在乡村振兴中具有建构性作用和手段性的工具作用。

（一）依靠乡村“振兴”职业教育：以乡村振兴促进农村职业教育高质量发展

农村职业教育是一种面向农村地区、面向人人、面向产业的跨界融合的教育类型。教育优先发展的战略地位和农村地区文化地域特殊性、职业教育的功

---

① 付秋海，何玲玲.“后扶贫时代”贫困治理体系的构建与优化——基于国家治理现代化逻辑视角的分析［J］. 湖南行政学院学报，2020（4）：115.

能及价值，使职业教育得到农村地区的高度重视和政策支持，成为乡村振兴的主要领域和帮扶振兴的对象。在实践运行中，农村地区职业教育发展基础薄弱，优质教育资源匮乏，影响了职业教育领域的振兴进程。乡村振兴背景下，农村一、二、三产业融合发展需要大批技术技能人才，基于新型职业农民的职业教育与培训需求迫切，人们对美好生活的需求要求农村地区提供优质的职业教育。当前，农村地区职业教育尤其是乡村职业教育缺乏发展基础，优质教育资源匮乏，是制约全面实现乡村振兴的短板。农村地区职业教育办学条件薄弱、双师型教师紧缺、职业教育离农化倾向，需要以促进乡村发展振兴职业教育，进一步加大经费投入力度，加强职业教育办学的基础设施和内涵建设。当前，“三区三州”是典型的少数民族聚集、生态脆弱地区，亦是脱贫攻坚时期的深度贫困地区，面临着相对贫困、返贫困的风险，职业教育发展存在“学校资源容量告急、专业资源建设粗放、校企合作层次低、职业教育内涵不足、社会认可度低等挑战与问题”，如“四川凉山州 2025 年后中职学位的空缺在 2 万以上”[①]，要求农村地区大力发展职业教育以满足人民对优质职业教育的需求。职业教育高质量发展是有效发挥服务乡村振兴功能的先决条件。为全面实现乡村的整体振兴，国家及地方政府对农村地区职业教育政策倾斜，加大财政经费投入力度，提升职业学校基本办学水平，扩大职业教育办学规模，创新服务乡村的办学模式，推进职业教育的高质量发展。

职业教育是乡村社会系统整体的组成部分，因此乡村大力振兴职业教育是乡村振兴战略的题中之意。国家将职业教育振兴作为帮扶和振兴乡村的目标、任务，在政策法律层面对职业教育领域振兴的重要性予以确认，通过政策倾斜、加大投入、提质培优等各种手段及方式高位推进，实现农村职业教育领域的脱贫与振兴。2018 年，中共中央国务院发布的《关于实施乡村振兴战略的意见》强调“没有农业农村的现代化，就没有国家的现代化”，农业农村的现代化是国家现代化的重要组成部分，而教育是社会整体系统的子系统。2019 年《国家职业教育改革实施方案》提出“没有职业教育的现代化，就没有教育的现代化”，职业教育是民族地区乡村振兴整体的重要组成部分。为此 2021 年中央一号文件规定，“在县城和中心城镇新建改扩建一批高中和中等职业学校”“面向农民就

① 张劲英，陈嵩．“后脱贫时代”职业教育如何行稳致远——“三区三州”职业教育发展现状与未来展望［J］．教育发展研究，2021（11）：1—7．

业创业需求，发展职业技术教育与技能培训，建设一批产教融合基地”。《关于推动现代职业教育高质量发展的意见》明确要求“支持办好面向农村的职业教育，强化校地合作、育训结合，加快培养乡村振兴人才，鼓励更多农民、返乡农民工接受职业教育”。为全面实现乡村的整体振兴，国家及地方政府必将对民族地区职业教育政策倾斜，加大财政经费投入力度，提升职业学校基本办学水平，扩大职业教育办学规模，创新服务乡村的办学模式，推进职业教育的高质量发展。学术界更多关注的是职业教育服务乡村振兴的价值功能及其路径，逐渐意识到农村职业教育服务乡村振兴功能发挥的先决条件是职业教育本身的高质量发展，职业教育与乡村振兴是一对双向互动促进关系。

（二）以职业教育“振兴”乡村：农村职业教育是振兴乡村的重要工具

职业教育是服务乡村振兴战略的重要工具，把职业教育当作振兴乡村的手段或途径，即主要通过发展职业教育以充分发挥其帮扶和振兴乡村的功能。在实践运行中，职业教育通过转变落后文化观念、普及文化知识、传授技术技能等方式提升了农村人力资本存量和改善了农村整体风貌，并起到了巩固脱贫成果和促进乡村整体振兴的功效。与此同时，学术界涌现很多关于职业教育服务乡村振兴的理论研究成果。大多数学者在职业教育是服务乡村振兴的重要工具的观点上基本上达成了共识，围绕职业教育服务乡村振兴的功能如何发挥、贡献度、实践路径等展开研究。例如贾琳琳等认为“教育服务乡村振兴的实现主要遵循教育功能理论，教育功能的外化促进乡村振兴目标的达成”[①]。还有学者进一步提出，民族地区职业教育在服务乡村振兴中发挥着催生产业功能、涵养文化功能以及跨界育人功能，精准对接了乡村振兴的最大发展实际，应成为服务乡村振兴的重要手段[②]。据调查统计，职业教育对我国乡村振兴的贡献率整体高达16.19%，其中职业教育对民族地区贡献率为16.20%[③]。除了职业教育

---

① 贾琳琳，张姝玥．教育服务乡村振兴的逻辑与路径［J］．现代教育管理，2022（4）：12.

② 王志远，朱德全．逻辑起点与价值机理：民族地区职业教育服务乡村振兴的行动关照［J］．教育研究与实验，2022（1）：49—55.

③ 朱德全，杨磊．职业教育服务乡村振兴的贡献测度［J］．教育研究，2021（6）：112—125.

功能发挥视角外，还有学者基于城乡空间视角研究职业教育重塑“城乡”二元关系，促进城乡融合均衡发展，服务乡村振兴①。可知，学术界倾向于对职业教育的乡村振兴功能进行理论推演和采用实证方法开展贡献度研究，以职业教育功能理论为基础论证职业教育振兴乡村的功能及价值。

职业教育具有显著的服务区域经济发展的经济功能，尤其是人力资本理论为职业教育服务乡村振兴的功能发挥提供了理论基础，主要从职业教育开发农村人力资本角度诠释其服务产业发展和巩固脱贫成果的工具性价值。职业教育领域偏好于以人力资本理论探究职业教育如何发挥乡村振兴功能，具有合理性的一面，同时也不免忽视了职业教育促进人自由而全面发展的本体价值。于是一部分学者从职业教育功能与乡村振兴目标内容之间耦合的角度，阐释职业教育如何通过培养人的实践活动促进乡村整体全面振兴。例如熊晶和朱德全从职业教育促进人全面发展的本体功能角度出发，发现人存在的五种状态与乡村振兴的五重向度存在价值耦合，如此职业教育面向农村怎样培养人的问题可以视之为职业教育的乡村振兴功能如何发挥②。农村职业教育具有职业性、教育性、乡土性等显著特性，按照乡村振兴服务的对象可划分为个体发展功能和乡村社会发展功能。职业教育的个体发展功能是在其自身教育活动系统内的培养人的本体功能，即促进个体自由而全面的发展，实现乡村人才振兴，为乡村其他领域振兴提供人才支持。职业教育的乡村社会发展功能包括经济功能、政治功能、生态功能、文化功能等工具性价值。农村地区通过发挥职业教育的个体发展功能和乡村社会发展功能，能够促进个体可持续发展、服务区域经济发展、巩固脱贫攻坚成果、提升人力资本存量、培养乡村治理人才、促进乡村生态文明、传承创新民族乡村传统文化等。

由此观之，职业教育在农村地区乡村的帮扶与振兴中具有目的与工具双重属性，两种属性相互依存、双向互动。以职业教育看乡村振兴，以乡村“振兴”职业教育实则是保障中西部地区农村群众享有优质职业教育的受教育权，大力推进面向中西部地区乡村职业教育的高质量发展同样蕴含着对职业教育的帮扶与振兴的价值预设和功能期待，而职业教育服务乡村振兴功能的有效发挥则建

---

① 梁宁森. 乡村振兴战略背景下农村职业教育教育的困境、机遇与优化路径［J］. 高等工程教育研究，2020（4）：157－162.

② 熊晴，朱德全. 民族地区职业教育服务乡村振兴的教育逻辑：耦合机理与价值路向［J］. 教育与经济，2021（03）：3－9.

基于职业教育事业的高质量发展。概而言之，通过帮扶与振兴乡村之职业教育，以发挥职业教育帮扶与振兴乡村之功能。

三、职业教育服务乡村振兴的作用机制

在乡村振兴背景下，我国农村职业教育如何精准对焦广大农村地区发展过程中存在的普遍性和特殊性问题？如何跨越自身长期发展中不断拉大的鸿沟？这些都是乡村振兴战略背景下我国农村职业教育改革与发展过程中必须认真思考和明确回答的问题。当下，关于职业教育服务乡村振兴的理论研究，只是从理念上确认和肯定了职业教育服务乡村振兴的功能及价值，职业教育服务乡村振兴的功能是如何具体实现的，职业教育的规模、质量、结构在何种程度上作用于乡村振兴以及影响职业教育振兴乡村功能发挥的因素具体有哪些、怎样更好地发挥职业教育的乡村振兴功能等，都是需要直面和深入思考的。解决上述问题的一个前提条件是，重新全面审视和挖掘职业教育本身所内隐的多样化的乡村振兴价值。本研究尝试从社会学、经济学、政治学、文化学、生态学等多重维度挖掘职业教育的乡村振兴价值，以及借助于系列的实践活动将职业教育的乡村振兴价值予以最大限度地发挥。要最大限度地发挥职业教育服务乡村振兴中的潜在价值，就必须首先理解职业教育功能在乡村振兴战略基点上的影响。职业教育的本体功能和社会功能不仅是其服务民族地区乡村振兴的逻辑起点，还是职业教育与乡村振兴内在耦合和协同发展的价值基础。教育功能理论、人力资本理论、现代化理论与跨界理论等为理解职业教育服务乡村振兴的影响机制提供了理论基础。

(一) 转变思想观念，引导乡民树立内生持续发展观念

在全面实施乡村振兴战略背景下，以乡村社会文化为基础的价值观念和行为取向对农村农业现代化发展起着决定性的作用。农业农村能否实现现代化，特别是民族地区的农业农村能否实现现代化，关键在于乡村内部，在于“乡村人”的现代化。正如英克尔斯所言，人的现代性是社会现代化得以实现的先决条件[1]，然而生活在传统农耕文化中的农民现代性缺乏“现代性”。思想观念是

---

① Inkeles, A. “Making Men Modern” [J]. American journal of Sociology, 1969 (75): 208—225.

乡民行动的先导，指引着乡民振兴乡村的实践活动。中西部脱贫地区大多位于地理位置相对偏僻的边远地区，乡村经济发展基础薄弱，交通条件不便利、信息相对闭塞，他们所处的文化生态圈是游离于现代城市文明的亚文化圈。在中西部乡村地区亚文化圈中，部分乡民的思想观念是落后的、封闭的、保守的、不够开明的，甚至是甘于接受现有的生活贫困现状，缺乏积极进取改变生活现状的动力，并认为这些努力及改变是徒劳的，无法改变世代贫困的局面，更无法跨越阶层向上流动，他们已经形成了安于贫困、拒绝进取的生活习惯。西部边远地区相对贫困者集中表现为“志”的贫困，即在心理上心力不足，志气短缺，缺乏反贫困的意志力；投射在行为路径上为“等”“靠”“要”。

中西部农村地区乡民在脱贫攻坚政策的大力帮扶下摆脱了经济上的绝对贫困，但是民族脱贫地区相对贫困者的思想观念是落后的、消极的、狭隘的，这种落后的思想观念容易演变成贫困文化，进而导致贫困文化的代际传递。如此观之，思想观念上的落后与贫困，才是乡村落后于城市发展、贫困代际传递的深层次原因。在城市化进程中，乡村传统文化观念与现代城市文明交锋，被贴上落后、愚昧、封闭的标签，乡村弥漫着消费主义、自由主义、工具主义、享乐主义等城市化思潮，文化价值观念在城市富裕与文明理念进攻下失去了文化认同的基础并处于边缘化境地，乡民在被动接受城市化文明中面临着精神上的困惑和文化价值观上的迷茫。当下，乡村赖以土地生存的自给自足自然经济的小农思想与促进土地流转、适度规模经营的家庭农场模式等农业农村现代化发展不相适应，乡村一些陈规陋习亟待移风易俗。可见，乡村振兴战略的政策精神及乡村社会发展理念宣传力度不够，部分乡民对乡村振兴战略的政策举措及文件精神理解不透彻甚至存在认知误区，乡村振兴仍然是自上而下发起的强力推进的战略举措，村民没有积极主动地参与建设乡村现代化建设实践活动。

职业教育是转变中西部农村地区相对贫困者以及部分村民落后保守思想观念、激发人们奋力振兴乡村的有效手段，它通过宣传乡村振兴政策、普及农村现代化思想观念、调动村民参与乡村振兴的积极性、开拓乡村民众的视野来发挥振兴乡村的积极作用。其一，面向农民采用多种方式送教下乡，遏制村民安于现状的落后思想。脱贫攻坚战的宝贵经验之一便是，治贫先治愚，扶智应先扶志，精神贫困治理在减贫事业中具有先导性、基础性。若想实现以职业培训帮扶相对贫困者技能之困的目标，振兴乡村之产业、文化、人才，须先扶志，激发相对贫困者和部分乡民自我改变的力量，促进实现从“安于现状”到“我要致富”的质的转向。职业院校在地方教育行政部门引导下，形成一个农业生产技术推广、技术技能培训、文化医疗保健科普教育、信息技术推广、文化扫盲、乡村振兴政策宣讲等多种形式的乡村振兴思想育人模式，采用农闲培训、集中培训、网络培训课程以及农民夜校等教育方式，使中西部农村地区乡村相对贫困者和部分乡民全面深刻认识和理解职业教育帮扶和振兴乡村的功能与作用，形成积极进取、开明的思想观念。

其二，加大乡村振兴政策法律宣传力度，提高民众参与乡村振兴的积极性。一个强有力的社会制度是一个健全社会发展的必要条件，尤其在社会转型时期，新旧社会秩序交替特别需要一个社会制度稳定时局，保障各项政策及规划执行与落实。我国颁布了乡村振兴系列政策文件，通过了《乡村振兴促进法》，这些全面推进乡村振兴的制度安排需要为民众所接受和认同，如此才能使民众自觉地推动和参与乡村改革。职业教育作为一种面向人人的大众化教育，具有贴近民众生产生活的天然优势，能够联系民众文化基础和生产实际采用通俗易懂的教育及培训、科普教育以及文化活动等方式，大力宣传脱贫致富的先进人物和典型案例，帮扶相对贫困者走出文化思想之困，打破代际传递的文化之贫。

其三，在农民职业学历教育和培训过程中，采用多种课程形式对乡村民众进行思想政治教育。在职业培训中，开设乡村振兴思想政治教育课，推广乡村现代化发展理念，激发改造落后现状和反贫困的内生发展观念。引导相对贫困者正确认知致贫原因，认识自身改变之于致富与振兴的意义，扭转相对贫困者愚昧短视的消极思想。开设脱贫体验课，带领相对贫困者、部分村民去脱贫致富典型的村落参观见学、去经济发展较好的城市开阔视野，引导相对贫困者反思自身不利处境，激发相对贫困者脱贫的内在驱动力，深刻意识到树立脱贫致富志向的重要性。在职业培训的理论教学和实践教学中渗透反贫困思想，传递人们通过自身努力和学习技能是能改变不利处境的理念。

（二）普及文化知识，为提升乡村民众的可行能力奠定基础

巩固拓展脱贫成果是中西部农村地区乡村振兴的发展基础。中西部农村地区在推进乡村振兴中，脱贫者和相对贫困者容易再次返贫从而影响振兴乡村的进程，需要继续帮扶相对贫困者和助力乡村人才振兴。在后工业化时代，知识文化与经济发展、科技更新的联系密切，个体的知识文化占有程度与其所处经济收入水平呈现出越来越密切的内在关联。据 2020 年我国农村贫困监测报告显

示，“贫困地区农民科学文化素质普遍偏低、劳动技能差、市场意识淡薄成为农民增收的瓶颈”[①]。农民科学文化素质普遍偏低的原因如下：一方面，文化知识贫困。民族地区乡村部分群体陷入低收入、受教育水平低、技术技能缺乏的社会相对较不利境地的一个重要因素在于相对贫困者以及部分民众自身的文化知识占有量匮乏和文化认知水平偏低，他们缺少提升可行能力的手段或途径，即他们缺少接受优质教育的机会、缺乏获取交流知识的途径以及选择权利。另一方面，文化贫困的代际传递。民族地区乡村读书无用论再次兴起，部分相对贫困者认为接受学校教育在改变人生命运方面没有价值，同时将这种观点传递给下一代，造成知识贫困的代际传递。

可行能力是一种人们“选择有理由珍视的生活的实质自由”[②]，不仅标志着个体能做某件事的权利，还体现着个体具有实质自由去选择自己所珍视的有价值的生活的自由。个体的可行能力越大，他达到某件事的目标的能力就越强，过自己珍视生活的自由也就越大。占有一定的知识文化是乡村相对贫困者和部分民众具有一定的可行能力的关键途径或手段，更是民众通往美好生活的重要工具，换言之，他们具有一定的知识文化基础是学习专业技术技能的前提条件。文化知识水平偏低限制了他们的认知能力和学习能力，为他们继续接受更高水平的教育和学习先进的技术技能设置了障碍，大大降低了他们通过知识改变命运的机会和阻碍向上的阶层流动。例如具有一定文化基础知识的人们，才能够学习操作现代农业规模化生产的农机装备、掌握农作物病虫害防治知识技术以及动物防疫知识技术等。

赵国庆等基于中国居民家庭微观调查数据分析非学历教育能否缓解农业家庭贫困发现，非学历教育对家庭贫困发生率、贫困深度和贫困强度均具有显著的负向效应，特别是非学历教育对文盲/半文盲群体的贫困发生率具有显著负向影响，显著降低了文盲/半文盲群体和低学历群体的贫困深度和贫困强度[③]。为降低民族地区乡村相对贫困发生率，帮扶乡村群众提升文化知识水平，职业院

---

① 国家统计局住户调查办公室. 2020 年中国农村贫困监测报告［M］. 北京：中国统计出版社，2020：285.

② ［印度］阿马迪亚·森. 以自由看待发展［M］. 任赜，于真，译. 北京：中国人民大学出版社，2019：62.

③ 赵国庆. 非学历教育能够缓解农村家庭贫困吗？——基于中国居民家庭微观调查数据的分析［J］. 教育与经济，2020（04）：9—20.

校应为民众提供非学历职业教育以“扶智”。扶智，就是以职业培训为手段，为那些文化知识水平较低和技术技能偏低的农民提供适宜个体成长发展、就业创业、农业规模生产及经营的相关培训内容，扫除农民学习技术技能的知识障碍和提升学习技术技能的认知领悟能力。职业培训是一种面向人人的教育类型，具有普遍适应性与高度兼容性、入学门槛低，对受教育者的学历水平要求宽松，教学周期相对较短，侧重实践技能训练，回报率较高，能够有效满足相对贫困者的现实需要。一方面，充分发挥职业培训所依托的知识、能力载体，教授学习技能所必须要的专业文化知识、职业素养、农业现代化发展知识等，侧重人生观、价值观、创业观念与能力的教育和培养，扭转对职业培训、职业农民的文化认知偏见。另一方面，将“阅读”作为职业培训扶智的重要举措，为相对贫困者提供书籍，使相对贫困者通过阅读积累文化知识和学习专业技术知识。

（三）传授技术技能，培养具有一技之长的乡村实用人才

人才振兴不仅是乡村整体振兴的组成部分，还是乡村振兴的实施者、建设者，在此意义上，乡村整体振兴实现的关键在于人才。然而城市化规模快速扩张，其发展带来的强大拉力使农村“人才”涌向城市，乡村人才空心化，乡土技能型人才匮乏。与此同时，民族地区乡村脱贫之后，经济发展基础还比较薄弱，特别是一部分相对贫困者仍然在贫困线上挣扎，有必要把那些缺乏技能就业难者、逃避劳动工作的伪贫困者从贫困人口中区别出来，通过职业教育教授他们安身立命的一技之长，并使他们认识到劳动工作（无论报酬多寡）是唯一体面的、道德的、可行的生存生活方式。然而在乡村振兴背景下，涌现出新型的贫困者即在生产生活方式上的相对贫困者。正如威廉·阿尔顿·科尔索（William Alton Kelso）认为的，贫困者不是缺乏工作，而是缺乏技能去承担这些高收入的工作；大量低收入工作涌现壮大了相对贫困者的队伍，而技术技能含量较高的那些“高精尖”工作则在某种程度上创造了高收入的富裕阶层[①]。阿玛迪亚·森（Amartya Sen）则用人的基本可行能力和实质自由权利的剥夺定义相对贫困，却不是从收入低下的经济层面定义贫困，进而指出造成相对贫困

---

① William Alton Kelso. Poverty and the Underclass：Changing Perceptions of the Poor in America [M]. New York：New York University Press，1994：214.

的深层原因在于人的可行能力缺失[①]。从某种意义上来看，乡村振兴的发展历程亦是农村技术技能不断革新和积累的发展过程。技术技能是职业教育的本质，因此职业教育不仅能为乡村振兴内生发展的技术技能，还能支持农村相对贫困人口顺利就业、摆脱相对贫困状态。

职业教育服务乡村振兴的着力点，不仅是提供提升农民的农业生产经营能力的职业技能培训，还在于帮扶乡村中的相对贫困者获得安身立命之本。职业培训是职业教育的重要组成部分，以培养掌握熟练操作技能的技能型人才为培养目标。一方面，通过多样的中短期技能训练，能赋予受教育者以相应的技术技能，提升他们的就业或再就业能力。另一方面，接受职业培训的农民能够更快地融入工作，投入生产经营一线并创造“生产力”，在就职初期获得较高收入，是相对贫困人口快速摆脱相对贫困的重要载体。此外，通过各类技术技能培训，提高相对贫困人口整体素质，提升乡村人力资本存量。人是职业教育的教育和帮扶对象，以人为中介，通过培养高素质的技能型人才能防止相对贫困者返贫和促进乡村社会的产业、文化、生态的发展与振兴。在此意义上，职业培训帮扶在治理相对贫困和振兴乡村中具有基础性作用，不仅能阻断贫困代际传递的重要方式，还是技能振兴产业的典型方式。2020 年之后，职业培训参与相对贫困治理，应转变帮扶内容及方式，注重相对贫困人口的志向、知识、技能的帮扶，调整人才培训定位，满足区域经济的发展需要，促进职业培训的质量提升，不断提升职业培训参与相对贫困治理的效能，有效推进乡村产业振兴和文化振兴。由此观之，发展民族职业教育、培养技术技能人才本身就是一种精准帮扶和振兴乡村的手段。换言之，民族地区职业教育精准帮扶是一种智力和能力帮扶，也是一种人才和文化帮扶，更是一种可持续发展的“造血式”内生帮扶，是实现乡村振兴的有效途径。

(四) 拓宽人才培养渠道，打通相对贫困者发展通道

受“学而优则仕”“重学历轻技能”以及“职业教育是差生的教育”等传统社会偏见的影响，职业教育往往不被广大高中学生以及考生家长认可，甚至部分家长认为职业教育教学质量是逐渐下滑的，学生接受职业教育纯粹是虚耗三

---

① ［印度］阿玛迪亚·森．以自由看待发展［M］．任赜，于真，译．北京：中国人民大学出版社，2013：7．

年光阴后获得一纸无用的文凭。殊不知，正是被误解贴上“没有前途、低人一等”标签的职业教育为民族地区广大农村相对贫困者提升学历水平、获取技术技能、提高收入水平、跨越阶层等提供了机会和可能性。

职业教育是一项准入门槛低、面向人人的普及化教育。职业教育与普通教育相比，它的录取分数比较低、招生范围广泛，不仅招收初中、高中毕业生，还面向社会下岗职工、返乡农民工、退伍军人等。据2020年全国教育事业发展统计公报显示，中等职业教育学校招生644.66万人，占高中阶段教育招生总数的42.38%；在校生1663.37万人，占高中阶段教育在校生总数的39.96%[①]。在很多相对贫困学子因分数低无法进入普通高中、大学接受教育时，职业教育则为这些广大相对贫困学子提供了学习知识和技能的机会，避免因无学而过早失学，为他们实现人生出彩的目标提供了可能性。基于对“三州”地区15 428名初三学生家长的调查显示，37.3%的家长愿意让孩子上中等职业学校，高于不愿意的比例，而社会经济地位、家庭文化资本比较低的家长更愿意让孩子上中等职业学校，尤其以农民、无业等的城镇居民居多，如农村学校的家长愿意让孩子上中等职业学校的占44.5%，是州府所在县（市）学校家长的1.70倍[②]。家长、学生愿意接受中等职业技术教育的主要原因在于孩子成绩差、减轻家庭受教育成本等外部因素的考量。可见，在民族地区接近四成的家长是愿意让学生接受职业教育的，有必要改变社会上关于职业教育接受度很低的刻板印象。国家实施中等职业教育免费政策，建立了帮扶相对贫困学子的奖助学金制度，极大减轻了相对贫困学子读书的经济负担，增强了职业教育的吸引力。如此，在民族地区乡村教育落后、广大相对贫困者文化知识水平偏低情况下，相对贫困学子仍然可以通过入读职业学校，接受职业教育通过“技能”成长成才，从而改变自身命运和家庭经济状况。据《2020年湖南省高等职业教育质量年度报告》显示，职业院校培养的学生中建档立卡贫困生5.75万人、贫困县生源25.10万人、农村生源53.94万人，分别占在校生的8.18%、35.75%、76.80%，三类学生规模和比例都高于本科高校。近五年，贫困毕业生累计达16.43万人，平均初次就业率92%，起始月薪增长到近3500元，有效阻断了贫

---

① 教育部. 2020年全国教育事业发展统计公报［EB/OL］.（2021-8-7）［2022-8-15］http://www.moe.gov.cn/jyb_sjzl/sjzl_fztjgb/202108/t20210827_555004.html.

② 沈有禄. 谁愿意让孩子接受中等职业教育——基于对“三州”地区15428名初三学生家长的调查［J］. 教育研究，2022（07）：114－125.

困代际传递。

职业教育拓宽和畅通了技术技能人才成长渠道，为受教育者人生出彩提供了可能性。一方面，职业教育建立了“职教高考”制度，打通了职校学生升学通道。职业教育吸引力较低的原因在于，中等职业教育是一种升学难的“断头教育”，很多职校学生接受中等职业教育意味着无法参加高考，无法获得大学深造机会，过早就业。目前，职业教育不断改革职教高考制度，完善了“文化素质＋职业技能”的考试招生办法，开始本科层次职业教育办学试点、推进普通本科学校向应用型大学转型等，打破了职普融通、中高衔接、专本衔接的政策壁垒，完善了本硕博贯通的专业学位制度，打通农村相对贫困者就职业教育的升学通道。这为职校学生接受高等职业教育提供多种入学方式和学习方式，增加了相对贫困学生接受高等教育的机会。另一方面，高职教育实施百万扩招政策、“1＋X”证书制度等，高职学院面向社会人员招生，拓宽了相对贫困者成才成长的发展渠道。在此意义上，高职教育对社会处境较不利群具有一定的补偿性，为社会中的下岗职工、失业农民工、退役军人等社会人员提供接受高等职业学历教育和职业技能培训的机会，进一步打破了社会人员就读高职院校的年龄、学籍、文化背景等的限制，那么这些相对贫困者可以通过接受高等职业教育弥补可能能力的不足。相对贫困者通过接受职业培训和考取职业技能等级证书，以职业技能等级证书实现学习成果的认定、积累和转换，拓宽了技术技能人才持续成长通道。如此，职业教育不再是“学业失败者”的“收容所”，不再是相对贫困者的“生存工具”，而是让一个技术技能人才自由而全面发展、有尊严地工作、人人人生皆可出彩的发展手段。

（五）普及生态文明知识与理念，引导建设生态宜居乡村

生态振兴是乡村“五位一体”振兴中的重要组成部分，为产业振兴、文化振兴、人才振兴、组织振兴提供了赖以生存和发展的物质基础。乡村社会不仅是一个具有乡土性的乡村社会结构，还是一个由人、村落、耕地、山河湖泊、家畜、野生动物等构成的生态系统。而乡村社会抑或乡村生态环境的兴衰与文明都高度依赖于乡村社会中的“人”。生态振兴思想始终贯穿于推进乡村振兴实践中，体现了人的生态伦理观重塑以及人与生产、自然关系的重构。《乡村振兴促进法》设立第五章为生态保护专题，规定了七条内容，从制度建设、农业生产、污染防治、国土综合整治和生态修复等方面规定了人们生态行为的限度和

保护生态的职责，将乡村生态环境保护纳入法律保障范围，使生态振兴有法可依。《中共中央国务院关于全面推进乡村振兴加快农业农村现代化的意见》进一步指出2025年的生态振兴目标，“农村生产生活方式绿色转型取得积极进展，化肥农药使用量持续减少，农村生态环境得到明显改善”，明确规定“严禁违规占用耕地和违背自然规律绿化造林、挖湖造景，严格控制非农建设占用耕地，深入推进农村乱占耕地建房专项整治行动，坚决遏制耕地‘非农化’、防止‘非粮化’”，这为职业教育服务乡村生态振兴指明了方向和提供了具体可行的方法。

教育具有承担生态文明教育的社会责任，应积极发挥其本身的生态教育功能，例如树立建设生态文明的理念、普及生态文明知识及提高民族素质、引导建设生态文明的社会活动等。职业教育作为职业特色与教育特色鲜明的类型教育，是振兴乡村生态的重要途径。西部地区乡村多位于生态脆弱的山区、林区以及边疆，需要在保护生态基础上进行农业生产。蒋成飞等认为改善人与自然的关系是乡村振兴的首要任务，基于此构建了职业教育服务乡村振兴的生态和谐“5G”共生模式，即构建和谐共生的绿色育人理念、搭建终身教育的绿色育人体系、供给以数据治理为基础的绿色技术服务、营造可持续发展的绿色生产生活方式①。可见在蒋成飞等看来，职业教育服务乡村生态振兴的着力点在于树立生态理念、育人体系、技术服务、生产生活方式。熊晴和朱德全提出乡村生态振兴的核心是人的伦理性的重塑，是人与自然关系的重构，建议职业教育在服务乡村振兴时应扎根地区生态实际，基于自然本身立场审视人与自然的关系，坚持一种“生态立场”，引导乡村社会树立一种“生态思维”，为乡村振兴实践提供“生态知识及技术”②。生态立场和生态思维共性在于人们跳出人与自然对立的观点，采用发展联系观点把乡村生态看成动态生成的有机整体，注意维护生态内部诸要素的平衡，实现人与自然的可持续发展。由上可知，职业教育服务乡村生态振兴的核心在于培养农民处理人与自然、生产的关系，形成绿色生态的生产生活方式。

一方面，普及生态文明知识。职业学历教育和职业培训可以借助课程教学

---

① 蒋成飞，朱德全，王凯．生态振兴：职业教育服务乡村振兴德生态和谐“5G”共生模式［J］．民族教育研究，2020（03）：26—30．

② 熊晴，朱德全．民族地区职业教育服务乡村振兴的教育逻辑：耦合机理与价值路向［J］．教育与经济，2021（03）：3—9．

渗透生态文明教育、采用自然体验法以及基于行动导向的变革教育法普及生态文明知识及技能，帮助当地农民掌握现代绿色农业生产方式，树立环境保护意识，减少农药、化肥等污染性生产资料的使用，引导树立关爱自然的生态伦理观，形成一种整体可持续发展的生态思维，提高现代农业的可持续发展能力。另一方面，推广绿色生产方式。职业教育在职业农民培训过程中，推广农业绿色生产新技术、新成果，指导农民依据乡村生态特色因地制宜地开展农业生产活动，协助农民探索农林牧渔的循环发展模式，促进各种资源循环利用，减少农业生产污染以及提高生产效率。例如武陵山片区湖南省石门县白羊山村，山岭纵横，山多地少，经济基础较为薄弱，收入来源以种植玉米、红薯、水稻和外出务工为主。为了巩固脱贫成果和振兴乡村生态，村民在工作队的带领下、镇政府的鼓励下，学好管培和加工茶叶的“手艺”，之后村里田地间光秃秃的土地又变得绿油油，“荒山”也渐渐变成了“金山”，村民走上了一条“以茶增收”的发展新路①。

四、职业教育服务中西部农村地区乡村振兴的行动逻辑

在脱贫攻坚与乡村振兴衔接的过渡期，巩固拓展脱贫成果是中西部地区乡村振兴的前提和基础。中西部地区需要推进“五位一体”的乡村整体振兴，职业教育肩负着帮扶和振兴的双重任务，有必要从乡村地域空间的独特性、乡村振兴任务的艰巨性、职业教育服务乡村振兴的长期性出发，廓清职业教育服务民族地区乡村振兴的行动逻辑。在美国社会学家塔尔科特·帕森斯（Talccot Parsons）看来，一项“行动”在逻辑上包含的主要要素是行动者、行动目的、行动处境以及行动的规范性取向②，其中行动的规范性取向是指行动者为实现目的而采取手段时应符合规范化的价值取向。

（一）行动主体：从以农村农民为主体走向城乡多方振兴共同体

职业教育振兴乡村是职业教育与乡村融合发展的利益共同体，多利益主体

---

① 覃雅雯．湖南省石门县白羊山村兴起茶产业——山村生活大变样“一叶”振兴正当时［EB/OL］（2022-5-30）［2022-8-23］．http://www.nrra.gov.cn/art/2022/5/30/art_4317_195333.html.

② ［美］塔尔科特·帕森斯．社会行动的结构［M］．张明德，夏翼南，彭刚，译．南京：译林出版社，2003：49—50.

的协同发展能最大化地促进乡村最优化发展。然而在实然状态下，中西部地区职业教育的要素、结构、功能并未“嵌入”当地乡村社会，如存在职业教育专业结构与乡村产业结构匹配度不够高、职业教育人才供给与乡村发展需求侧之间的结构性矛盾。依靠农村农民振兴主体与乡村人力资本外流之间存在冲突，势必要求职业教育重塑城乡关系，融合城市、行业、企业、学生等主体服务乡村，引领企业入驻乡村、为乡民送知识及技能、促进城乡人才双向流动。打造职业教育与农村一、二、三产业融合发展、城市与乡村融合共生的振兴共同体能联合各方主体优先发展农村农业，逐步缩小乡村与城市的差距，实现城乡社会经济发展一体化。民族地区在全面推进乡村“五位一体”振兴进程中，涉及国家政府、地方政府、城市、乡村、农民、企业等诸多相关利益主体，职业教育能跨界融合多方乡村振兴主体，聚集整合多方振兴主体的优质资源及协调多主体利益诉求，在服务区域经济发展同时促进农民个体成长发展。中西部地区在全面推进乡村振兴战略时，应把农村农业现代化发展置于新型城镇化战略实施的大背景下统筹推进，打破城乡二元对立的壁垒，既要重视农村产业发展又要关注乡村在公共基础服务等方面的切身利益，着力促进城乡在优质教育资源、文化服务资源、医疗保障等方面的互动与共享，促进城乡资源自由跨界流动。振兴共同体具有较强的市场敏感性，能够精准捕捉乡村发展需求，补充政策调控的信息失灵，为乡村发展提供精准化的服务。

（二）价值取向：从“离农”“为农”二元对立到服务城乡融合共同发展

基于城乡一体化发展的时代背景明晰乡村发展路向，以服务城乡融合发展引领乡村振兴的实践活动。职业教育面临“离农”与“为农”的价值选择困境，应打破城乡二元对立的价值逻辑困境走向服务城乡融合共同发展。价值是主体对于客体满足需要的程度，意味着客体对于主体的意义、主体对于客体的需要性、客体服务主体需要的效益性。价值取向是乡村振兴主体基于自身价值理念在处理乡村振兴各种发展关系时的价值立场或价值倾向，影响国家政策执行、职业教育功能定位及农民工子弟个体发展选择。在城乡二元发展社会中，中西部地区乡村发展落后、发展机会受限制、生存生活条件较差，农民及学生接受的是“离农化”“去农化”的现代化城市文明的成才教育，视接受教育为“跃龙门”跨越阶层的工具，于是中西部农村地区乡民“逃离”乡土，精英人才流向城市，以留在大城市为衡量人生成功的标准，造成了乡村人才匮乏。人是乡村全面振兴的首要要素，乡村振兴实则是乡村人在传统人格和现代性人格之间保持张力以完成人格转型，以推进乡村产业、文化、组织、生态之振兴。中西部地区职业教育应实施复归乡土文化教育、在地化教育，鼓励面向中西部地区乡村培养留得住的乡土兴农人才。然而单一坚持“为农化”教育、强制面向乡村就业，不可避免地面临一个尴尬的现实处境：农民竭力流向城市、大学生奋力留在城市。如此，职业教育应兼顾农民子弟切身利益及乡村振兴发展、区域经济发展需要，重塑城乡关系，在“离农”与“为农”之间保持张力，着力培养服务城乡融合发展的乡土性人才。与此同时，《乡村振兴促进法》作为一部规训乡村振兴发展的专门法律，使乡村振兴走上了法治化建设道路，其中第六条“坚持以工补农、以城带乡，推动形成工农互促、城乡互补、协调发展、共同繁荣的新型工农城乡关系”，从法律层面指明了乡村振兴实践活动的价值取向。基于此，职业教育人才培养定位应兼顾农民子弟切身利益及乡村振兴发展、区域经济发展需要，重塑城乡关系，在“离农”与“为农”之间保持张力，着力培养服务城乡融合发展的乡土性人才。

（三）行动处境：从脱贫攻坚战略转向全面推进乡村振兴

随着脱贫攻坚战取得决定性胜利，国家关于中西部地区发展的政策发生了变迁，从实施脱贫攻坚战略转向了全面推进乡村振兴，目标任务从“一超两不愁三保障”转向了“加快实现农业农村现代化”。职业教育服务中西部地区发展的工作重心必将随之发生转移，从消除绝对贫困转向治理相对贫困与服务乡村振兴。中西部地区脱贫者从收入上摆脱了经济贫困，但是个体的可持续发展能力不足和返贫困抵御风险能力脆弱，返贫风险极高。“以全国居民人均可支配收入中位数的40%为基准划定相对贫困线，比现行农村贫困线（家庭人均纯收入2300元不变价）高出近4倍”[①]，农村地区的相对贫困发生率因收入不平等而总体上呈现上升态势。与绝对贫困相比，相对贫困覆盖面更广、治理难度更大。而中西部地区持续巩固拓展脱贫成果、预防脱贫者返贫是全面推进乡村振兴的基础。2021年1月，中共中央国务院发布了《关于全面推进乡村振兴加快农业

---

① 陈纯槿，郅庭瑾．教育能缓解城市流动人口相对贫困吗——基于中国五大城市群的经验证据［J］．教育研究，2021（04）：139．

农村现代化的意见》，明确规定“实现巩固拓展脱贫成果同乡村振兴有效衔接”“加强推进农村现代化”“大力实施乡村建设行动”，这意味着中西部地区社会发展重心从消除收入贫困的脱贫攻坚转向多维整体发展的乡村振兴，乡村振兴战略进入全面建设的新阶段。由此观之，中西部地区职业教育需要把握时代政策背景，肩负治理相对贫困和服务乡村振兴的双重责任，坚持福利性和普惠相结合，建立长效相对贫困脱贫机制与服务城乡融合发展并行。

(四) 服务工具：从外援式帮扶到“内生发展式”振兴乡村方略

职业教育与农村一、二、三产业融合发展，以职业教育高质量发展激发乡村振兴的内生发展动力，建立职业教育服务乡村振兴的长效机制，“内生发展式”是职业教育振兴乡村的有效行动方案。乡村在短期内可以在财政投入、产业扶持等开发式经济手段的外部支持下取得显著发展成效，一旦外力退出，乡村发展成效将不可持续。职业教育通过培养人的实践活动增强乡民的可持续发展能力。美国经济学家西奥多·舒尔茨认为影响经济发展的资本不仅包括物力资本，还包括人力资本。他从宏观视角用人力资本解释了经济增长的逻辑，提出人力资本是国民经济增长的主要原因，人们通过提升人力资本形成的知识和技能能够提高劳动生产率。人力资本投资却具有收益递增的特点，应当加大人力资本投资力度，其中提升人力资本最关键的途径是正规教育和在职培训。罗伯特·卢卡斯依据人力资本效用范围将人力资本划为两部分，即直接用于生产的人力资本和用于人力资本积累，而人力资本积累的结果表征为脱离个体的整个社会的人力资本水平，人力资本存量决定了知识和技术的增长，保证了经济增长的长期可持续性。罗默把技术进步内化到内生经济增长模型，分析了人力资本和技术进步的关系，提出人力资本的存量是社会经济长期可持续增长的决定要素，技术进步是经济长期增长的核心①。

农民是乡村振兴的主体，农民是乡村振兴与职业教育的联结点，农民个体成长发展是乡村人才振兴的基础，农民自身的可持续发展是乡村振兴永续发展的内生动力。中西部地区通过职业学历教育和职业培训不仅能提升乡村人力资本存量，还能增强乡民的可持续发展能力，乡民自身的可持续发展是乡村振兴

① Romer, P. M., Jr. Endogenous technological change [J]. Journal of Political Economy, 1990, 98 (5), 71—102.

永续发展的内生动力。第一，发挥职业教育的文化功能。在乡村传播先进文化观念及知识，转变“等、靠、要”“读书无用论”等落后观念，激发村民参与乡村振兴的主体性及积极性。在农民群体中传播生态文化理念和教授绿色生产技能，科学地使用农药、化肥等以确保粮食安全，促进村民可持续地利用生态自然资源。第二，发挥职业教育培养人的本体功能。以职业农民培训开发乡村人力资本，变劳动力资源为人力资本。职业学校面向农村的农民、退役军人、失业劳动力等群体招生，授之安身立命的一技之长，满足乡村产业的人才需求。职业学校利用职业培训的灵活性、周期短能使之契合农民农闲时间安排教学活动，教授文化知识、提升文化素养，培养养殖技术、种植技术、管理技能、创业就业能力等，提升乡村人力资本存量。

五、职业教育服务中西部地区乡村振兴的路径选择

职业教育在中西部地区乡村振兴中具有目的与工具的双重属性，是一种相向促进、共生发展的关系。中西部地区职业教育融合乡村振兴发展，在“离农”和“为农”之间保持张力，坚持职业教育功能发挥对接乡村振兴发展实际，将国家自上而下的乡村振兴战略转变为城乡联动的内生发展模式，促进乡村社会特色化发展。

（一）开展职业教育教学改革，促进职业教育供给侧与产业需求侧融合

产业兴旺不仅是乡村之全面振兴的物质基础，还是农民收入增加及生活改善的前提。按照《乡村振兴促进法》，推进乡村产业振兴，要求“坚持以农民为主体，以乡村优势特色资源为依托，支持、促进农村一、二、三产业融合发展，推动建立现代农业产业体系、生产体系和经营体系”。在城乡融合发展背景下，农村一、二、三产业融合趋势明显，民族地区不断调整产业结构与布局，打造本土特色产业，推进产业升级，亟需种植、技术、营销、新兴技术等方面的复合型农村人才。与此同时，乡村人力资本存量偏低、农村技能人才大量外流、农民受教育水平普遍不高等。中西部地区职业教育的价值定位与乡村振兴现实

需求游离、脱嵌[①]，功能定位未能与乡村振兴实现精准匹配[②]。中西部地区农村职业教育发展迟滞，职业学校的布局绝大多数分布在城市，大部分学校开设的专业是服务城市发展的专业，课程内容是离土化的城市文明，涉农专业数量较少且规模不断缩减。

增强中西部地区职业教育供给侧与产业振兴需求侧的精准匹配程度。首先，从宏观上优化涉农职业学校的横向分布及空间布局。国家及中西部地方政府扶持或建设发展具有农业特色的职业学校，引导职业学校在农村办学及开设实习实训教学基地、增加涉农专业，鼓励职业学校积极开展职业农民培训、扩招农民入学。其次，职业学校动态调整专业设置，面向农村产业振兴开设涉农专业。涉农职业学校应瞄准乡村产业就业市场和涉农企业用人需求，推进学校办学定位、专业结构与农村一、二、三产业融合发展的产业结构融合，增加乡村产业振兴发展需要的涉农专业、打造涉农专业群，服务当地特色产业发展。最后，改革人才培养目标和教学模式。推进职业教育与乡村产业跨界融合发展，人才培养紧密对接产业发展需要，把职业教育嵌入农村一、二、三产业链上，把专业教学设在乡村的田间地头。

（二）实施“三定”职业教育培训模式，培养本土兴农人才

长期以来，中西部地区职业教育教授离土化、服务城市发展的教育内容，造成乡村人才流向城市，致使乡村人力资本“空心化”。着眼中西部地区乡村产业发展和个体成长，构建一种教学内容针对性强、岗位适应性高的职业教育定向培训模式，为乡村产业、人才、文化、生态、组织五个方面培养各种各类的本土性兴农人才。具体到操作层面，建立“特定区域—共定培训方案—定技能培养”的“三定”职业教育培训模式，即面向特定的中西部地区乡村招生—乡校企共同制定人才培养培训方案—精准对接乡村需求实施特定技能培养，确保职业教育培训内容、人才培养规格、人才供给精准匹配乡村社会发展需要。

其一，建立一种面向特定地区乡村的定向招生机制。定向招生机制是一种专门面向中西部地区乡村产业发展和乡村人人成长的乡村人力资本开发的长效

---

① 王官燕，林克松．嵌入、脱嵌与再嵌：贫困县域职业教育服务乡村振兴的逻辑、困局及突破［J］．职业技术教育，2020（7）：60—65．

② 朱德全，杨磊．职业教育服务乡村振兴的贡献测度——基于柯布-道格拉斯生产函数的测算分析［J］．教育研究，2021（6）：122．

机制，长期持续地为中西部地区乡村培养和输送本土人才。乡镇政府、乡村企业或农村经济合作社、学校签订服务乡村振兴的合作协议，合力培养中西部地区紧缺的各种兴农人才，培训合格后回到当地服务乡村发展与振兴，避免兴农人才外流。其二，多元主体共同制定培训方案。职业学校、乡镇政府、乡村企业或农村经济合作社等，结合中西部地区乡村特色产业结构、乡村农民个体情况、乡村发展人才缺口，共同制订个性化的农村农业人才培训方案，明确就业岗位指向及课程内容。其三，依据中西部地区乡村发展需要实施特定技能培养。在涉农专业人才培训过程中，瞄准乡村振兴亟需的专业知识和技能，结合农民自身受教育情况，采用情境—项目式教学方式教授技能，提高培训技能的指向性。

（三）传承发展在地乡土文化，促进乡村社会特色化发展

中西部地区乡村不仅是农村一、二、三产业融合发展的经济综合体，还是民族文化与乡土文化相结合的文化社会场域。文化是乡村振兴的灵魂，反映了民族的思想惯习和生活方式。在城乡二元社会发展下，西部地区乡村独特的民族性文化在城镇化进程中逐渐暗淡，村民接受的是离土化的教育内容知识和“跃龙门”的成才理念，民族乡土文化被误解为落后边缘，民族乡土文化脱嵌于乡村社会发展，迫切需要职业教育扎根乡土实施在地化教育从而为乡村文化振兴寻根与铸魂。

首先，职业教育扎根乡土，实施在地化教育。职业学校坚持传递亲近自然、亲近乡土的文化理念，把民族乡土文化嵌入社会现代化发展中。乡村古寨、民族节日、风俗习惯承载了特色的民族文化，可充分挖掘民族乡土文化资源，注入产业效率发展理念，把民族乡土文化与当地产业融合发展，打造文化特色产业品牌，传承创新优秀的民族性的乡土文化。其次，坚持城乡融合发展，涵养乡土特色文化，促进乡土文化特色化发展。城乡二元社会发展下，农民“离农”“去农”，农民与乡土联系割裂，乡情变得疏离。职业学校专业建设与民族文化技艺传承相结合，教学活动扎根乡土发展实际，教学内容融入民族传统文化、乡土生产方式及生活习惯、乡村自然等内容，培养学生及农民对乡村的感情，使他们懂得感恩生养的乡土。在农村传播和弘扬乡土文化精神，在他们精神家园中种下乡土文化的根与魂，以文化民、淳化民风，以唤醒乡土意识和增强乡土文化自信，为城乡融合发展、乡村振兴培养具有乡土情怀的复合型人才。

总之，全面推进乡村振兴是一项复杂艰巨、任重而又道远的系统工程，不仅需要城乡、校企多方协同共促，还需要在重塑城乡关系背景下充分发挥职业教育功能。职业教育坚持治理相对贫困与服务乡村振兴同行并进，为实现全面乡村振兴奠定了坚实基础。

第四章　职业教育定向培训帮扶共同体研究

职业教育定向培训帮扶共同体既是一个内部成员互相联系、共生发展的利益共同体，也是职业培训组织的愿景，还是一种指导职业培训组织发展的价值理念。利益是职业教育定向培训帮扶共同体建立的纽带和合作的逻辑起点，根据利益相关者理论，定向培训帮扶共同体成员可划分为确定型、预期型、潜在型三类，其利益群体的权益诉求呈现多元化。从定向培训帮扶共同体成员利益博弈过程来看，成员之间在“育人”与“营利”价值取向上存在冲突与博弈，但利益冲突是非对抗性的，在人力资源、技术技能、服务经济发展方面存在利益共同点，构建利益均衡机制是解决利益冲突的关键。因此，要加强利益相关者分类治理，采取调适确定型利益相关者的合作行为，满足预期型利益相关者的合理诉求，争取潜在型利益相关者的支持等措施，能有效推动定向培训帮扶共同体协同育人，更好地服务社会经济发展。

2019 年，《国家职业教育改革实施方案》将“推动校企全面加强深度合作”列为职业教育的战略发展任务，明确提出“厚植企业承担职业教育责任的社会环境，推动职业院校和行业企业形成命运共同体”。这意味着校企深度合作已上升到国家职业教育发展规划层面，校企命运共同体已成为校企深度合作发展目标的新取向，其中职业教育定向培训帮扶共同体是校企合作命运共同体的具体实现形式之一。2021 年，教育部等四部门发布《关于实现巩固拓展教育脱贫攻坚成果同乡村振兴有效衔接的意见》，要求“推动职业院校发挥培训职能，与行业企业等开展合作，丰富培训资源和手段，广泛开展面向‘三农’、面向乡村振兴的职业技能培训”。目前，职业院校与行业企业协作开展职业培训还缺乏有效的合作机制，仍然存在合作关系不够紧密、基本利益缺乏有效保障等问题。究其原因，主要是校企之间尚未建成合作共赢、发展共生的命运共同体。因此，本文试图从利益相关者的视角阐明定向培训帮扶共同体参与主体的利益诉求，分析不同主体之间的利益博弈与冲突，提出利益相关者分类治理和构建均衡各方利益的协调机制，以推动职业培训向纵深发展。

一、职业教育定向培训帮扶共同体的基本内涵

“共同体”是社会学领域的概念。近年来，一些学者将其概念移植到职业教育校企合作领域，形成了新的概念——“校企命运共同体”。研究校企命运共同体建设相关问题，首先要探究校企命运共同体的内涵、特征。

在推动全球共同治理的背景下，习近平总书记将“人类”和“命运共同体”两个概念有机地结合起来，提出人类命运共同体的概念，即“共同的历史遭遇、共同的发展任务、共同的战略利益把我们紧密联系在一起”①。职业院校的职业培训与人类命运共同体存在相通之处，人类命运共同体相关理念可以指导定向培训帮扶共同体建设。从实然状态上看，定向培训帮扶共同体是运用人类命运共同体的理念和思维指导构建的一种跨越教育领域、经济发展领域、乡村社会领域的利益共同体，是体现合作共赢、蕴含共生理念、追求整体发展的定向培训合作组织。换言之，定向培训帮扶共同体是产教深度融合、校企纵深合作、城乡融合发展的目标追求，它是一种理想的学校、企业、乡村的合作形态。德国社会学家斐迪南·滕尼斯在《共同体与社会——纯粹社会学的基本概念》中，将“共同体”定义为“忠诚的关系和稳定的社会结构”②。作为一个稳定的社会结构，定向培训帮扶共同体应坚持权利与义务相统一的原则，基于契约明确各利益主体的权利地位。从成员构成上看，定向培训帮扶共同体有核心主体（职业学校、涉农企业、乡村）和利益主体（教师、受培学员、政府、农业行业协会、社会组织、家长等），其成员范围更加广泛，可谓“和而不同、求同存异”。就本体论意义而言，定向培训帮扶共同体概念揭示了校、企核心主体之间以及与不同利益主体之间的交互关系，是一种指导职业培训组织建设发展的理念。

定向培训帮扶共同体与校企合作开展职业培训有共通之处，也有根本性的

---

① 习近平．论坚持推动构建人类命运共同体［M］．北京：中央文献出版社，2018：16.

② ［德］斐迪南·滕尼斯．共同体与社会——纯粹社会学的基本概念［M］．林荣远，译．北京：商务印书馆，1999：71－72.

不同。同是为了促进职业培训纵深发展，但是一般的职业培训组织出发点和落脚点只是为了自身组织的发展，即一种为了校企协同培训产业工人或从业人员的静态的、形式上的合作；而定向培训帮扶共同体是各主体因共同利益点而聚集，既是追求共同利益和整体发展的共同体，也是一个矛盾冲突与协调的动态过程，不仅为了“校企”，还为了“师生成长与社会发展”。“命运共同体就是共同体的一个最高形态”“是在利益共同体基础上超拔提升，经由情感共同体和价值共同体而最终达到的一个制高点”①。定向培训帮扶共同体是理想形态的校企合作培训组织形态，与一般性的校企合作的职业培训形式相比较，主要有以下不同之处：一是合作共赢的发展目标。定向培训帮扶共同体成员之间有共同的发展目标、愿景和利益，是一个发展联系的整体，在发展过程中坚持优势互补、共建共享、互惠互利等原则，实现资源平等交换、利益共享并保持长期合作。二是责任共担的运行机制。利益共享、责任共担是定向培训帮扶的逻辑起点，定向培训帮扶共同体成员经过前期的合作基础和风险考验，建立长期稳定的战略合作伙伴关系。成员单位依据国家相关政策法律，以契约方式明确成员在合作中的内容边界、权利义务、利益分配等，从而形成风险责任共担的合作机制。三是和谐共生的合作关系。定向培训帮扶共同体建立在共同的利益基础上，成员之间利益交织互动，形成了和谐共生的合作关系。定向培训帮扶共同体具有共同的发展目标和利益，可以说是“你中有我”“我中有你”，发展前景更是“一荣俱荣、一损俱损”，共同体成员在合作过程中具有很强的集体归属感和组织认同感。

综上所述，可以将职业教育定向培训帮扶共同体定义为：职业院校和企业等主要利益群体在共同的利益和愿景的基础上，采取协同联动、共建共享等方式解决共同面临的发展问题，共同遵守利益博弈与均衡所形成的制度规范，以契约方式构成一种利益休戚相关、命运荣辱与共的有机整体。定向培训帮扶共同体是职业培训组织的发展愿景或预设的组织机构，为产教融合、校企合作、城乡融合指明了发展方向，还是一种指导职业培训组织发展的价值理念，倡导校、企在追求自身利益的同时合理关切他者，在谋求自身发展的同时促进利益相关群体的共同发展。

---

① 康健. 从利益共同体到命运共同体［J］. 北京大学学报（哲学社会科学版），2018（6）：8.

二、定向培训帮扶共同体成员的权益诉求分析

追求合理的权益是利益相关者开展职业教育定向培训的动力源泉，权益诉求是利益相关者合作的利益取向。有必要对定向培训帮扶共同体的不同类型的利益主体进行分析，明确其权益诉求，为职业院校与企业合作开展定向培训帮扶提供指导。

（一）确定型利益相关者的权益诉求

职业院校是职业教育定向培训帮扶共同体的倡导者，具有举办定向培训的权利，以及提供人民满意的教育和优质的社会服务的义务。其权益诉求如下：一是获取职业培训资源。希望农业企业、农场主、职业农民等参与人才培养、课程改革、师资建设等教学全过程，获得更多的机器设备、技能人才、经费投入、培训实习场地、就业机会等职业培训资源，提升职业培训组织的综合实力。二是提高人才培养质量。职业院校是技术技能人才的“加工厂”，校方希望与乡村一、二、三产业跨界融合、深度协同合作，开展现代学徒制、订单培养、定向培养等人才培养实践探索，增强职业培训的适用性、精准性。三是获取就业创业机会。涉农企业、乡村、农场主等是职业院校人才培养的“购买方”，学校希望涉农企业、乡村产业提供所需兴农人才的规格和数量、定时发布涉农专业的用人需求报告，同时为职业培训组织提供更多的就业信息和创业机会。

2021年中央一号文件提出，推进现代农业经营体系建设，“突出抓好家庭农场和农民合作社两类经营主体，鼓励发展多种形式适度规模经营。实施家庭农场培育计划，把农业规模经营户培育成有活力的家庭农场”。涉农企业、乡村、农场主是定向培训帮扶共同体的核心成员，具有参与职业培训项目并取得合理回报的权利，承担着发展职业教育的社会责任，其参与定向培训帮扶的权益诉求在于获得智力支持和技术支撑。一是用人需求。涉农企业、乡村、农场主希望职业院校能为其培训专业基础扎实、动手操作能力强、具有创新思维的农业技能人才。二是多元化培训需求。涉农企业、乡村、农场主希望职业院校为其在职员工、新入职员工等提供具有针对性、个性化的技能、学历、管理技能提升等培训，增强企业员工的职业能力与素养，提高工作效率；同时为新进员工提供岗位能力要求、企业文化、职业规范等入职培训，缩短新进员工岗位适应周期。三是技术创新需求。涉农企业希望依托学校科研力量和技术创新平

台，开展产品研发与技术革新，解决涉农企业、乡村以及农场发展中的技术难题，促进科研成果转换；同时发挥职业院校人才聚集的“智库”优势，为涉农企业、乡村、农场发展提供科技咨询服务。

（二）预期型利益相关者的权益诉求

教师是职业教育定向培训的具体执行者，是定向职业培训帮扶共同体的重要成员，希望获得更好的薪资待遇和发展晋升空间。一是体现自身价值。教师的本职工作是教书育人，向培训学员传递技术技能，服务乡村经济社会发展是教师价值的体现。体现自身价值，获得良好的工资待遇是教师积极参与定向职业培训的动力源。二是专业发展机会。职业院校职业培训部门的专业课教师大都是双师型教师，教师在上好每一节课的同时，更要能干一手好活，既体现自身价值，又展示专业水平。因此，教师都希望通过定向培训获取企业提供的顶岗锻炼机会、参与企业科技研发与技术推广，锻造技能和提升业务能力。

受培学员既是定向培训帮扶共同体的服务对象，也是职业培训活动的参与者。受培学员作为预期型利益相关者，希望通过接受各种各类职业技能培训获得熟练的涉农技术技能和更多更好的就业机会，更加适应工作岗位。一是技能提升。受培学员希望在培训中习得实用技能，例如掌握一些农业生产技术、农产品营销技术以及病虫害防治等，提升岗位任职能力，掌握熟练的技能。二是就业机会。受培学员希望职业定向培训共同体能够提供更多的实践操作能力机会，渴望从定向培训帮扶共同体中获得更好的发展平台、更多的就业机会。

（三）潜在型利益相关者的权益诉求

教育行政部门是职业教育定向培训帮扶共同体的管理者和引导者，期望涉农企业积极与职业院校合作，促进乡民就业和农村一、二、三产业发展。一是满足受培学员对职业教育的需求。教育行政部门通过行政手段调节、引导、规范职业院校与涉农企业等的定向培训帮扶行为，期望职业院校和涉农企业合作举办高质量的定向培训，满足人们多样化的职业培训需求。二是缓解结构性就业矛盾，促进乡村就业和社会和谐。教育是公益性事业，教育行政部门和职业院校是国家公益事业的管理者与执行者，追求公共利益是两者共同的目标。因此，双方都希望职业教育能够教会受培学员一技之长，促进受培学员就业创业，缓解乡村产业发展的结构性就业矛盾，解决农村民生问题并促进乡村社会稳定和谐。三是促进乡村经济发展。教育行政部门希望职业院校能够面向涉农企业、农场等需求培养实用技能人才，解决涉农企业、农场等“用工荒”问题，服务乡村产业转型升级和促进经济发展。

农业行业组织是定向培训帮扶实施的桥梁，协调指导职业院校与涉农企业、农场等合作开展培训的行为。一方面，希望职业院校与涉农企业、农场、乡村等合作培养出更加贴合农业市场需求的技术技能人才，促进涉农企业、农场等持续稳定健康发展，持续为涉农企业、农场、乡村等提供人力资源和技术支撑、智库咨询。另一方面，希望职业院校与涉农企业、农场、乡村等合作开发职业教育定向培训项目，提供更多优质的、多样化的定向培训，开展“1＋X”证书制度的人才培养、现代学徒制人才培养等，体现其指导职业院校和涉农企业、农场、乡村合作培训的存在价值。

三、育人与营利：定向培训帮扶共同体中的利益冲突与均衡

定向培训帮扶共同体是多元利益相关者参与的组织，其价值取向的差异性、利益诉求的多样性、利益关系的复杂性，使得利益相关者之间存在各种矛盾和冲突。定向培训帮扶的过程是一个多方利益博弈的过程，也是一个多方利益均衡的过程。具体来说，利益相关者之间主要存在以下几种博弈行为。

（一）确定型利益相关者之间的利益博弈

职业院校和涉农企业、农场主、乡村等同属于确定型利益相关者，具有合法性、权力性、紧迫性三种属性，职业院校与涉农企业、农场主、乡村的利益博弈直接影响到校企合作命运共同体的生存和发展。职业院校是公益性事业单位，在定向培训帮扶过程中广受乡民群众关注，也希望通过定向培训帮扶能借助涉农企业、农场、乡村等的人力资源和物质支持来提升办学实力，通常愿意且比较主动与涉农企业、农场、乡村等合作，关注点往往在乡村的社会效益上。涉农企业、农场、乡村等与职业院校合作开展定向培训项目，为职业院校提供设备、顶岗实习、经费投入、教学场地等支持，不仅期望获得直接的经济效益，还希望从职业院校获得优质的技术技能人才，促进涉农企业、农场、乡村可持续发展。职业院校与涉农企业、农场、乡村的关注点不同，两者在合作开展定向培训帮扶过程中难以避免冲突和矛盾，势必偏离定向培训帮扶共同体的组织目标，导致职业院校定向培训帮扶项目存在缺乏特色、技术技能人才缺乏职业

素养、教学内容与岗位要求对接不紧密、人才培养的精准性和适应性不够、服务涉农企业、农场、乡村等发展的能力不强等问题。涉农企业、农场是营利性组织，关注经济效益和绩效指标，注重成本的投入与收益回报，在预期的经济利益和社会效益得不到满足情况下，必将影响合作意向，制约定向培训帮扶共同体的长远发展。

职业院校和涉农企业、农场、乡村是定向培训帮扶共同体的核心成员，具有共同的利益，是冲突与共生的关系。双方利益的冲突可以看成是将双方利益诉求置于一个动态博弈系统中，通过协作、商榷、调整实现利益的动态分配。涉农企业、农场以及乡村生产经营和发展的资源并不富裕，为职业院校提供更多的定向培训资源可能会影响涉农企业、农场等的正常生产和乡村社会发展。涉农企业、农场等的投资与付出得不到回报、经济利益受损，一味强调涉农企业、农场的社会责任，难免出现“校热企冷”的局面，导致定向培训帮扶合作演变成“协议”式合作、冠名式友情赞助。人力资源和技术技能是职业院校与涉农企业利益交换的纽带，“职业院校的利益诉求重在‘育人’，涉农企业、农场等则在于‘盈利’”。职业院校与涉农企业、农场等的利益博弈是非对抗性的冲突，因为双方都不希望其中一方的利益增加导致另一方利益减少、或者双方皆有所失，双方都希望合作共赢，双方利益都能有所增加或者一方利益不减少的情况下另一方利益有所增加。职业院校在获得职业培训资源时，应积极为涉农企业、农场等精准输出高技能人才、高素质农民、联合涉农企业开展科技攻关、提供各种优质的职业培训等，使企业获得切实的经济利益和社会效益。

（二）预期型利益相关者与确定型利益相关者之间的利益博弈

职业院校作为确定型利益相关者，通常是组建职业培训帮扶共同体的倡导者，大都是从职业院校发展的整体利益和长远利益出发，起草制定定向培训帮扶共同体的章程与行动指南，确保受培接受优质职业培训并提升培训实力。特别希望与涉农企业合作建立乡村振兴学院、开展订单培训、定向培训等，为受培学员谋取顶岗实习机会，与涉农企业师傅共同锻造学生实践技能。从受培学员角度来看，一部分受培学员会觉得某些涉农企业、农场提供的顶岗实习更多的是观摩而不是实践操作，实践技能提升空间不大，抱怨学校提供的顶岗实习质量不高；一部分受培学员认为在顶岗实习期间沦为涉农企业、农场等的“临时工”，付出了劳动但是得不到合理的报酬；还有一部分受培学员期望利用实习机会努力工作，最终留在涉农企业、农场等。对于涉农企业而言，一方面，希望通过获取低廉的劳动力从而降低人力资源的成本；另一方面，又担心受培学员在岗位上出现操作失误和安全问题，导致增加成本开支。职业院校方面，则希望受培学员少些不切实际的想法，在涉农企业、农场等顶岗实习期间努力提升实践操作技能，增强就业能力。与涉农企业、农场利益相比，受培学员的利益通常处于被动地位，因此职业院校应仔细甄选合作的涉农企业、农场等，注意维护学生的利益。

在定向培训帮扶过程中，教师作为预期型利益相关者会与确定型利益相关者产生冲突与矛盾，但两者并不是对立的，可以进行调适化解。以教师在开展定向培训所在单位下厂顶岗实习为例，不少学校为提升“双师”队伍质量，与涉农企业、农场等合作实施教师五年一周期全员轮训、新入职教师下厂顶岗实习一年的顶岗实习制度。未下厂的教师会认为教师下厂实习一年加重了他们的教学负担，新入职教师下厂实习在适应新的工作环境中会感觉吃力，中青年教师轮训下厂实习脱离教学岗位和远离家庭，可能会有抵触情绪。可见，教师下厂顶岗实习的制度不一定能充分调动教师的积极性。若将教师下厂顶岗实习时间折算成课时量、实习经历纳入职称评审并充分保障下厂期间的福利待遇，那么教师下厂实习的意愿和质量将会大大提升。

（三）潜在型利益相关者与确定型利益相关者之间的利益博弈

教育行政部门是潜在型利益相关者，承担发展教育、为人民群众提供优质满意的教育服务，促进农村产业转型升级和经济社会发展的职责，是职业院校定向培训帮扶的指导者和协调者。国家教育行政部门从宏观层面综合协调和管理职业院校职业培训工作，调动开展涉农职业培训的积极性，促进乡村发展和振兴。如 2021 年 4 月 29 日第十三届全国人民代表大会常务委员会第二十八次会议通过《乡村振兴促进法》，制定了总则、产业发展、人才支撑、文化繁荣、生态保护、组织建设、城乡融合等部分，鼓励和支持社会各方面提供教育培训、技术支持、创业指导等服务，培养本土人才，引导城市人才下乡，推动专业人才服务乡村，促进农业农村人才队伍建设。地方教育行政部门负责校企合作工作的统筹协调、规划指导、综合管理和服务保障。然而，地方教育行政部门的职业培训资源有限，加之职业院校的定向培训帮扶跨区域、多行业，管理权限受制约，难免出现政策落实不到位的情况。不少涉农企业、农场、乡村等存在资金短缺和技术技能人才不足等现实困境，面临着激烈的行业竞争和创新发展、就业人员安置难题，在承担职业教育社会责任时有心无力。还有一些涉农企业、农场等缺乏长远发展眼光，认为对职业教育投入资金、设备、人力资源增加了自身负担，只愿意做表面文章，敷衍塞责，甚至不屑一顾，逃避履行发展职业教育的社会责任。

教育行政部门追求的是公共利益，从主管的角度出发，通常更关注职业院校和受培学员的利益；涉农企业、农场等追求的是个体利益，这是两类利益相关者的冲突关键所在。职业院校与涉农企业、农场、乡村等深入合作开展定向培训帮扶容易出现国有资产流失的风险，这时教育行政部门为规范定向培训帮扶行为，通常采用行政手段对职业院校举办的定向培训帮扶进行干预、调控，而涉农企业、农场、乡村等则认为教育行政部门对定向培训帮扶干涉过多，导致涉农企业、农场、乡村等的利益缺乏保障。因此，教育行政部门应根据国家促进校企合作以及职业培训的相关政策，在结合地方情况的基础上出台校企合作开展涉农职业培训的实施细则与鼓励措施，制定地方性的校企合作开展涉农职业培训的规章制度。采用行政命令、法律、宣传等手段，协调职业院校与涉农企业、农场、乡村之间的冲突，实现利益均衡。

四、利益均衡机制建构：加强定向培训帮扶共同体中利益相关者分类治理

解决定向培训帮扶过程中的冲突和矛盾，需要加强利益相关者的分类治理，构建利益分配与协调机制，满足不同利益群体的合理诉求，促进定向培训帮扶共同体的持续健康发展。

（一）调适确定型利益相关者的合作行为，促进协同发展

首先，确定型利益相关者之间要达成价值共识。第一，职业院校要强化振兴乡村的社会服务意识。职业教育作为准公共产品，不仅要为乡村社会发展提供满意的教育产品，与涉农企业、农场、乡村等合作探索多样化的人才培训模式，提升培训质量；还要为涉农企业、农场、乡村提供社会服务，围绕农村一、二、三产业融合转型发展和结构升级调整要求优化培训项目设置，针对农场产业发展趋势提供各种各样的职业培训，结合涉农企业、农场、乡村发展需要提供技术支持和智库咨询等。第二，涉农企业、农场等积极承担发展职业教育的

任务。涉农企业、农场等作为“经济人”在追求自身利益最大化时，还要履行社会责任，努力成为产教融合型企业，积极与职业院校拓展合作领域，如共建乡村振兴学院等。

其次，设计利益均衡机制促进校企协同联动。“要想保持集体行动的一致性，就应该让集体成员能够平等分享其每一项收益。”① 因此，职业院校与涉农企业、农场、乡村等相关利益主体有必要构建一个合理的利益分配与协商机制。利益机制是促进定向培训帮扶共同体可持续发展的纽带，要明确利益的主体及客体、分配原则、分配手段，建立利益对话、利益协调、利益激励、利益监督等机制。第一，建立利益对话机制，促进利益诉求表达。职业院校与涉农企业、农场、乡村是“我”与“你”的平等对话关系，需要及时就利益冲突矛盾进行沟通反馈，建立有效的信息交流平台，就定向培训帮扶共同体发展进行协商决策，确保学校充分掌握涉农企业、农场、乡村等对人才需求的规格与数量，及时调整人才培训方案和优化培训项目，涉农企业、农场、乡村等能从定向培训帮扶和职业院校获得优秀的人力资源和农业技术支持。第二，构建利益协调机制，协调冲突矛盾。“利益协调的关键目标是构建利益协调制度与规范的合理性框架，以约束职业院校和企业的合作型获利行为。”② 坚持公正的原则，在理顺利益主体的理性关系基础上设计广泛认同的协调机制。要按照定向培训帮扶共同体的章程，对多元主体利益进行分配和协调，保障涉农企业、农场、乡村等真正参与到定向培训帮扶的决策过程中，促进职业院校、涉农企业、农场、乡村等协同联动。第三，建立利益激励机制，调动职业院校与涉农企业、农场、乡村合作开展定向培训的积极性。利益是定向培训帮扶共同行动的内驱力，需求是驱动合作开展定向培训帮扶的原动力。对于在校企合作开展定向培训方面贡献突出的涉农企业、农场、乡村等，政府应给予奖金、税收减免、社会荣誉等各种奖励。第四，制定利益监督机制，保障利益主体的合法利益。为保障定向培训帮扶共同体整体发展的公益性，要在共同体内部建立一个利益监督的自我整改机制，外部建立一个由政府部门、农业行业协会、乡村社会组织等广泛参与的社会性监督机制，通过监督、评价、规范定向培训帮扶共同体成员的行

---

① ［美］曼瑟尔·奥尔森. 集体行动的逻辑［M］. 陈郁，译. 上海：格致出版社，2014：3.

② 张弛. 企业参与职业教育办学的长效机制构建［J］. 中国职业技术教育，2017(12)：79.

为，平衡各方利益，促进协同发展。

（二）满足预期型利益相关者的合理诉求，调动积极性

教师是定向培训帮扶的具体实施者，受培学员是定向培训帮扶的对象和受益者，定向培训组织应努力满足预期型利益相关者的合理诉求。一方面，尊重教师、受培学员参与定向培训帮扶的权利。教师是定向培训帮扶的行动者，直接影响定向培训帮扶共同体发展的质量和前景，应赋予教师参与定向培训帮扶决策的权利。学生是定向培训帮扶共同体的主要受益者，需要倾听学生的建议和反馈，保障受培学员在涉农企业、农场、乡村等顶岗实习时的合法权利。另一方面，要满足利益方合理诉求，调动教师和受培学员的积极性。凡是参与定向培训帮扶的教师应给予一定的补贴，对于在定向培训帮扶中表现突出的教师应给予奖励，同时建立业绩考核、职称评审等向参与校企合作教师倾斜的工资分配和晋升制度等，从而激励教师利用顶岗实习机会不断更新知识结构和提升技术技能，用心服务乡村的发展和振兴。对于受培学员，职业院校与涉农企业应共同发力打造实习实训平台，切实提高受培学员的实践技能和职业能力，建立具有竞争性的定向培训帮扶奖学金制度，激励受培学员在顶岗实习中追求卓越、脱颖而出。对于表现优异的受培学员，职业院校和涉农企业、农场、乡村等可以优先推荐、安置就业。

（三）积极争取潜在型利益相关者的支持，促进良性发展

教育行政部门、农业行业协会是定向培训帮扶共同体的潜在型利益相关者，在定向培训帮扶中扮演着第三方的角色，有可能发展为预期型或确定型利益相关者，应该积极争取其支持，充分发挥其管理、协调和指导功能。一是争取教育行政部门的政策和经费支持。对于产教融合紧密、服务乡村振兴成效显著、社会反响良好的职业院校和涉农企业、农场等，给予财政资金支持与补贴。二是厚植涉农企业、农场等振兴乡村的社会氛围。通过政策规章制度的制定和宣传，营造重视职业教育服务乡村振兴、支持校企合作振兴乡村的社会文化环境，为涉农企业发展提供政策支持和利益保障。三是努力发挥潜在型利益相关者的协调功能。教育行政部门是定向培训帮扶共同体发展的监管部门，农业行业协会是定向培训帮扶共同体的指导部门，应充分发挥教育行政部门、农业行业协会在定向培训帮扶组织中的协调作用，解决定向培训帮扶中存在的深层次问题，

为深化产教融合、服务乡村振兴出台相关政策和法律提供参考依据。

总而言之，职业教育定向培训帮扶的发展深度是制约职业教育高质量服务乡村振兴的关键因素，构建定向培训帮扶共同体是职业教育服务乡村帮扶与振兴发展目标的新取向。定向培训帮扶共同体实质上是一个利益共同体，不同利益主体之间存在利益冲突与博弈，只有通过加强利益主体的分类治理，构建利益分配与协调机制，促进各利益方之间利益均衡，才能实现定向培训帮扶深度发展、持续共赢。

第五章　职业教育服务乡村振兴的定向培训帮扶模式建构

贫困的概念随着时代的发展而变化，贫困的衡量标准及类型不断变化，学界及国家政策层面对贫困的内涵也经历了从单纯经济收入视角到经济、社会保障、政治权利、文化等多维视角考量的认知变化过程。在后工业化时代，人们步入了消费者社会，贫困不仅限于物质匮乏，也表现为一种社会和心理状况。消费者社会有一种“体面生活”的衡量标准，如果无法达到这个标准，人们会感觉到烦恼、痛苦、自我折磨。因此贫困意味着部分人们被排除在“正常生活”之外，达不到体面生活的标准，与既定社会的“美好生活”无缘，而感到自尊心受到打击，产生羞愧感、负罪感。在消费者社会，一个人无法幸福地生活或者正常地生活，则表明这个人是个失败的消费者或不合格的消费者，即穷人的基本特征之一是有缺陷的消费者，这部分不合格的消费者便是相对贫困者。在消费者社会里，作为消费者的不合格或消费缺陷会导致个人在社会中降级和“内部流放”。换言之，正是这种不合格的消费或者消费的无能，导致他们被抛弃、被污名、被排除在正常社会生活或幸福生活之外。如此消费者社会产生了一种新的穷人，他们是不合格的消费者，那么克服这种不合格的消费被视为摆脱相对贫困的一种出路。在脱贫攻坚对接乡村振兴背景下，探究职业教育多元主体协作治理相对贫困的机制策略与服务乡村振兴的模式及实践路径具有重要的理论价值和现实意义。

一、职业教育服务乡村振兴的定向培训模式个案研究

脱贫攻坚时期，滇桂黔石漠化区是脱贫攻坚主战场之一，而贵州安顺市镇

宁县于该片区，具有贫困人口多、贫困程度深、脱贫难度大等特征。步入小康社会之后，虽然镇宁县消除了绝对贫困，但是部分乡村相对贫困者仍然挣扎在贫困线附近，面临着较大的返贫困风险。职业教育是与社会经济发展联系最为紧密的教育形式，在反贫困与阻断代际贫困传递过程中具有基础性作用。自2017年以来，长沙航空职业学院依托航空工程职教集团开始探索“政行校企”四方联动的职业教育精准帮扶模式。本研究以长沙航空职业技术学院依托航空工程职教集体平台帮扶贵州省铜仁市石阡县、滇桂黔石漠化区之一的贵州省安顺市镇宁布依族苗族自治县（以下简称“贵州镇宁县”）、关岭布依族苗族自治县、紫云苗族布依族自治县以及武陵山片区、罗霄山片区的部分民族自治县的经验作法为基础①，重点选取长沙航空职业技术学院依托航空工程职教集团平台，成功开办的首期“产教融合精准帮扶”的技能培训班为个案研究对象，研究和建构职业教育服务民族地区乡村发展与振兴的定向培训帮扶模式。

（一）“职业院校＋地方政府＋企业”的订单式定向培养帮扶

长沙航空职业技术学院在依托航空工程职教集团精准帮扶伊始，联合民族地区的地方政府以及集团内企业采用职业学历教育实施订单式定向培养模式。2017年，长沙航空职业技术学院通过联合贵州省石阡县人民政府、中航贵州飞机有限责任公司、长沙市天映机械制造有限公司等签订协议开创政行企校联合助推教育精准帮扶民族地区乡村发展与振兴的新模式。长沙航空职业技术学院的招生计划向贵州民族地区乡村倾斜，例如特地向贵州相对贫困的民族地区定向增加招生计划，根据扶贫合作企业需求确定招生专业，行业企业深度参与教学，共同制订培养方案，而且设立助学基金，确保招录进来的贫困学子学习无忧，毕业后考核合格就优先招进企业，形成一站式助学就业。针对湖南省内民族地区乡村相对贫困学子，长沙航空职业技术学院实施定向招生。例如在单独招生计划中单列相对贫困学生招生计划，每年按招生人数的10%定向招录建档立卡贫困高中生；面向武陵山片区、罗霄山片区及部分重点扶贫工作县，每年开办2—3个“航院・同心班”，每年学院相对贫困学生的就业率稳定在92%左右。

---

① 本研究提及的长沙航空职业技术学院依托航空工程职教集团精准帮扶民族地区的经验作法来自“长沙航院：推进产教融合精准扶贫 开辟脱贫攻坚‘新航线’”的新闻报导。详见：https://hn.rednet.cn/content/2019/12/12/6314886.html.

（二）“地方政府＋特色行业＋职业院校＋特定企业”的定向技能培训帮扶

在巩固拓展脱贫成果与推进乡村振兴的衔接阶段，职业教育帮扶与产业帮扶、项目帮扶等领域的帮扶合作深度不够、职业教育帮扶与劳动力市场需求脱节、职业培训帮扶内容与中西部地区相对贫困者就业需要的契合度不够、相对贫困人员核心造血能力不足以及中西部地区乡村人才匮乏和人才流失等问题，导致职业培训精准帮扶的成效大打折扣。聚焦区域经济发展和个人成长，构建职业教育定向培训扶贫模式已刻不容缓。职业技能定向培训帮扶中西部地区相对贫困者对于长沙航空技术学院而言，是一个新鲜事物、一项新的尝试。2019年，贵州镇宁县政府、中航工业贵州飞机有限责任公司、贵州厚诚发科技有限公司一行来到长沙航空职业技术学院调研和签订定向技术培训帮扶协议，至此，长沙航空职业技术学院依托航空工程职教集团开始探索职业技能定向培训帮扶模式。长沙航空职业技术学院组成调研团队赴贵州“贵飞”公司、镇宁县、厚诚发科技有限公司调研和商讨定向培训运行机制、联合宣传招生。

职业教育具有服务中西部农村地区乡村经济发展、助力反贫困的功能，如何提升职业教育的帮扶成效以助力民族地区发展与振兴成为急待解决的难题。针对协同帮扶运行机制不够完善、协同帮扶精准度不够高、相对贫困学员的核心造血能力不足等问题，长沙航空职业技术学院联合镇宁县政府、航空工业集团贵州飞机有限责任公司（以下简称“贵飞”）、厚诚发科技有限公司，成立“地方政府＋职业院校＋特色行业＋特定企业”的职业培训帮扶共同体，同年4—7月开展飞机维修部附件加工制造基本技能精准扶贫培训班项目。职业培训帮扶共同体建立健全协同帮扶运行机制，设计“定岗—定培—定技能”的三级定向培训框架，构建“志－智－技”的“三扶”模块化课程体系，采用灵活多样的教学方法完成定向技能培养。

长沙航空职业技术学院面向中西部地区乡村培养了数百名“留得住、用得好”的本土性技能型人才，帮扶了上百个相对贫困家庭，相对贫困人员当地就业率达100％，贫困学员经济收入由原来的每月几百元到现在每月约4000元，用人单位对相对贫困人员岗位满意度达96％以上。此外，长沙航空职业技术学院对口帮扶民族地区2所职业学校、数千名师生。该模式既为职业院校实施精准扶贫提供了参考借鉴的范本，又助推中西部农村地区经济发展，同时也为巩固脱贫攻坚成果提供参考范式。

案例　技能培训：决不让一个相对贫困学员掉队①

"由于他们都是零基础，按照平时给学生上课的那一套完全行不通，我讲起来费劲，学员听起来也费劲，于是赶紧改变策略，从最浅显易懂的基础知识说起，并结合实际操作，手把手来教。"在贵州厚诚发科技有限公司 2019 年机加工培训班教授铣工的朱四海老师说起最初的授课，感受很深、感慨很多，"由于学员基础差，就是一个最简单的六面体，几乎每个人都是作废了五个零件，才勉强符合工件标准，这在我教学生涯中应该是第一次。"

学员余娟和王学芳是夫妻，他们来自贵州省安顺市镇宁县。原本挤在山中木屋的七口之家搬到镇上集中安置点后，一家人生活靠夫妻 2 人打零工收入来勉强维持。作为厚诚发的新员工来到长沙航院参加培训之初，不仅操作水平不够，连理论课也听不懂。老师们得知这一情况后，及时改善教学方法，并结合实际操作授课，以便更好地让所有学员真正掌握学习内容。

时光不负有心人，在结业考核中，余娟在铣工、钳工、车工三项考核中均获得优秀，王学芳也取得车工考核优秀的成绩。在学院精心组织、老师耐心教授和学员努力钻研下，25 名学员中有 21 名学员顺利结业，掌握了足以谋生的一技之长。

对于未来，夫妻二人都充满了憧憬、期待，厚诚发公司就在他们现在安置小区的对面，公司待遇也符合他们的期望，在家门口找到了收入稳定的工作，还能够照顾孩子和长辈，这是再好不过的事了。

与此同时，依托学院专业资源，结合民族地区发展实际，委派专业技术人员组成项目培训师团队，到民族地区相对贫困县和偏远地区学校开展师资教育教学能力提升培训、实训建设等，提升师生实力。例如冷水江职业中专还专门写了感谢信，感谢长沙航院培训团队的辛勤付出，帮助他们的学生在职业技能竞赛中取得了好的成绩。

二、职业教育定向培训模式建构的理论框架

随着脱贫攻坚战胜利收官，我国开启了全面建设社会主义现代化国家的新

① 长沙航院：推进产教融合精准扶贫 开辟脱贫攻坚"新航线"［EB/OL］(2019-12-12)［2022-8-25］. https://hn. rednet. cn/content/2019/12/12/6314886. html.

征程，全面推进乡村振兴，促进农业农村现代化发展。为了防止规模性返贫和巩固可持续脱贫成果，国家设立了脱贫攻坚衔接乡村振兴的过渡期，要求做好巩固拓展脱贫成果与全面推进乡村振兴的有效衔接。目前，学术界从多重维度研究了脱贫攻坚与乡村振兴的耦合逻辑和衔接机制，但大多研究从宏观共性层面探讨两者衔接的逻辑机理，而在过渡期内从微观个性层面探寻职业教育服务脱贫攻坚衔接乡村振兴的实现路径比较欠缺。基于此，本研究在梳理学术界已有研究基础上，在脱贫攻坚对接乡村振兴背景下，从“主体—工具—内容”的整体研究视角，分析巩固脱贫成果与促进乡村振兴的主体、工具、内容衔接的内在逻辑，进而提出服务脱贫攻坚对接乡村振兴的定向培训模式建构的理论框架。

（一）已有相关理论研究与实践探索

目前大多数文献主要集中研究职业教育“何以振兴乡村”和“如何振兴乡村”，围绕职业教育与乡村振兴的互动耦合关系、职业教育服务乡村振兴的价值取向、逻辑机理、实践样态、发展路向等主题展开了系列研究。关于“何以振兴”，有两种观点：一是“关系说”，职业教育与乡村振兴是一种双向互动、相互促进的耦合关系，职业教育应嵌入乡村振兴整体发展之中，两者之间协同、融合发展；二是“功能说”，强调职业教育的服务职能，探究如何发挥其服务乡村振兴的本体功能和社会功能。关于如何振兴，职业教育应坚持动态多元的价值取向，在“离农”“为农”之间保持张力，定位于服务城乡共同发展。石献记等在分析多重制度逻辑冲突基础上提出了政策制定与政策执行闭环、产教融合互嵌、引导乡村人才回流的逻辑路向。有以下实践样态：转变思想观念、“扎根乡土”与面向城市相统一、深化基于“农民”的人的发展教育、职业教育服务生态振兴的“5G”共生模式、促进职业教育高质量发展、对接产业结构培养技能型人才、乡村发展“云课堂”、培养新型职业农民、推进职业教育与乡村振兴融合共生发展等。

但是很少研究者采用理论与实证相结合的方式探究职教集团实施精准帮扶的作用机理与策略，不利于职业教育深入实施精准帮扶。虽然部分研究以案例研究形式呈现了职教集团实施精准帮扶的路径，但是职教集团精准帮扶的作用机理研究得不够系统化，尤其对职教集团精准帮扶的实践框架与路径的研究还不够深入，缺乏从宏观上探讨职教集团与区域产业如何协同服务民族地区乡村振兴。未来几年，中西部农村地区将是巩固拓展脱贫成果、治理相对贫困以及促进乡村振兴的重点区域，其区域位置的特殊性、相对贫困治理的难度以及推进乡村振兴的重任赋予了职教集团精准帮扶更加重要的战略意义。为社会、企业以及个体等提供职业技能培训是职教集团的一项重要职能，而职业技能培训同时具有服务区域经济发展和帮扶相对贫困者提高收入、提高人力资本存量等功能，是中西部农村地区治理相对贫困和振兴乡村的有效手段。职业教育作为中西部农村地区一项基础性和长期性的反贫困方式，其职业技能培训与精准帮扶在目标、对象上存在较强的耦合性，不仅能够扭转农村地区人们的落后思想观念、传递现代先进知识及技术，还能激发相对贫困群体的内在发展动力，继而打破农村地区相对贫困的代际传递的循环，促进中西部地区乡村发展与振兴。在此意义上，职业教育应该把职业培训作为巩固拓展中西部地区脱贫成果与促进乡村振兴的发展进路，开发依靠职业培训帮扶相对贫困者技能之贫的新模式。

职业教育应对接乡村产业结构、契合乡村发展需要，个性化地培养“留得住”“靠得住”“沉下去”“出得来”的技能型人才①，将民族传统文化和地方特色知识融入到职业教育教学全过程，形成“民族文化认同—民族人才培养—民族产业发展”良性循环的人才培养模式②。在人才培养模型研究上，提出职业教育“1＋N”融合行动模式③、“制度性供给—资源性统筹—整体性治理”三维核心驱动模型④、“AAA＋E”职业农民的搜寻匹配培训模型⑤等有效服务乡村振兴的人才培养模式。定向培养是我国高校招生就业的一项重要制度，通过合同形式明确其毕业后工作单位的人才培养模式，目前已广泛应用到士官、乡村教师、医生等专业技能人才培养，例如郭耿玉建议实施中青年农民涉农专业学历教育定向培养模式⑥。为了更好地指导职业院校开展职业技能培训帮扶工作，

---

① 李久军，巴登尼玛．职业教育赋能民族地区乡村人才振兴的四个维度［J］．民族教育研究，2021（6）：94－99.

② 杨磊，朱德全．民族地区职业教育与乡村振兴耦合机制研究［J］．西南大学学报（社会科学版），2021（5）：141－149.

③ 林克松，袁德梽．人才振兴：职业教育“1＋N”融合行动模式探索［J］．民族教育研究，2020（03）：16－20.

④ 田书芹，王东强．乡村人才振兴的核心驱动模型与政策启示——基于扎根理论的政策文本实证研究［J］．江淮论坛，2020（01）：10－17.

⑤ 杨秀丽．乡村振兴战略下新型职业农民培训的搜寻匹配模型建构［J］．教育与职业，2018（13）：20－24.

⑥ 郭耿玉．农科教统筹视域下的新型职业农民培训模式与对策研究［J］．职教论坛，2018（12）：87－91.

有必要探究职业教育定向培训模式建构的理论框架，使定向培训帮扶具有计划性、系统性。

（二）“主体—工具—内容”理论框架的具体建构

职业教育精准扶贫在脱贫攻坚阶段取得的扶贫成效得到社会各界的广泛认同，与此同时积累了丰富的帮扶经验，因此需要在之前精准扶贫的基础上进一步巩固拓展脱贫成果与深化创新帮扶模式。在脱贫攻坚与乡村振兴的过渡期，高职院校应视巩固拓展脱贫成果与促进乡村振兴为一个有机整体，巩固脱贫成果是促进乡村振兴的组成部分或工作内容。在全面推进乡村振兴中巩固脱贫攻坚成果，需要在理论层面建构并完善职业教育定向培训帮扶的框架体系，并回答“谁来扶”“怎么扶”“扶什么”的问题，即从主体维度回答在巩固脱贫成果对接乡村振兴中的具体指向及如何发挥各主体功能作用并实现“主体衔接”；从工具维度回答在政策变迁和农村工作重心转移情况下职业教育采取何种手段治理相对贫困和帮扶乡村发展；从内容维度回答职业教育服务巩固拓展扶贫成果与推进乡村振兴的具体帮扶内容及工作任务以实现帮扶内容的衔接。因此，在理论层面建构职业教育服务脱贫攻坚对接乡村振兴的定向培训模式的理论框架，“主体—工具—内容”的三维理论框架（见图 5-1）能理清职业教育定向培训模式的帮扶机理和发展路向，为职业院校在乡村振兴中巩固脱贫成果提供理论参考，进而能为防止规模性返贫困、缓解相对贫困以及促进乡村振兴提供帮扶和奠定基础。

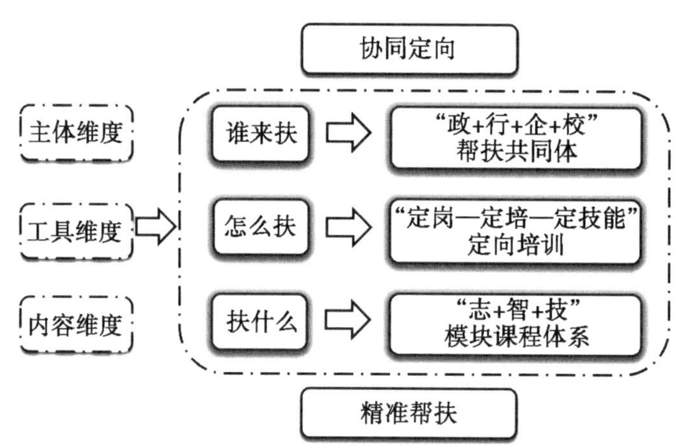

图 5-1　职业教育定向培训帮扶模型

1. 基于主体维度，回答“谁来扶”的问题

主体衔接主要回答，在巩固拓展脱贫攻坚成果与推进乡村振兴中的衔接主体的具体指向以及如何推进各主体协同联动发挥帮扶与振兴的功能作用，达成主体上的衔接。为实现两者在主体上的衔接，需要进一步明确衔接主体的具体指向。当下，治理相对贫困的主体主要有党、政府、社会、市场以及个体等，其中个体主要指帮扶的相对贫困者。各主体在巩固脱贫成果和促进乡村振兴中既能发挥各自的功能及优势，同时自身又不可避免地存在些许不足。党中央从人民的根本利益出发，站在国家治理和社会和谐发展的高度政策顶层设计，统筹全局、协调各方设计并出台了脱贫攻坚战略和乡村振兴战略，自上而下地推进我国社会主义小康社会建设和社会主义农业农村现代化建设。但是党在民族地区自上而下地巩固拓展脱贫成果和推进乡村全面振兴时，难免带有政治色彩，更可能会因覆盖地域广、涉及群体较多、帮扶难度大等原因存在顾及不到的地方，因此需要统筹各方力量，调动各方参与的积极性和激发个体的内生发展动力。社会中帮扶资源比较丰富，社会主体在帮扶行动上更加灵活自由，一些社会组织在帮扶与振兴乡村时也会更加专业化，但是社会力量通常缺乏一定的内在自觉和外在激励，容易出现参与积极性不够高、参与行动浮于表面等问题。市场主体在帮扶与振兴乡村过程中受利益驱动会提升帮扶资源配置的效率和增强帮扶的参与力，然而市场主体的逐利行为会潜在地损害帮扶对象的利益。就帮扶个体而言，乡村振兴的帮扶对象主要分布在农村，而相对贫困者亦集中分布在农村，换言之，农村相对贫困者既是巩固脱贫成果的重点治理对象又是乡村振兴中主要帮扶对象。

基于对两者主体的分析可以看出，巩固拓展脱贫成果和全面实施乡村振兴的治理主体和帮扶对象存在着高度的一致性。既然巩固拓展脱贫成果是推进乡村振兴的工作任务，那么乡村振兴的治理主体可以借鉴脱贫攻坚的成功治理机制和改进治理模式以适应乡村振兴发展要求。具体而言，党中央是两项重大战略的制定者和推进者，应继续加强完善党的领导，加强对两项政策衔接的顶层设计和统筹协调。政府积极发挥社会服务职能和政策导向作用，积极推动和协调社会、市场、个人参与巩固拓展脱贫成果和促进乡村全面振兴。对于职业教育帮扶主体而言，职业培训帮扶的衔接主体应从单一主体、松散联盟走向共建共享、同舟共济的共同体，打造政府、行业、企业、学校跨界协同联动、深度融合的帮扶共同体，建立协同联动的精准帮扶运行机制。通过精准帮扶运行机

制，明确四方主体在协作帮扶中的职责与作用，促进四方主体协同参与精准帮扶。于帮扶对象而言，相对贫困者可以接受职业教育提供的职业学历教育或各类职业培训，摆脱思想观念上的贫困，提升岗位适应能力和就业机会，进而打破低度发展的陷阱，带动其他农民积极参与乡村振兴。

2. 基于工具维度，回答“怎么扶”的问题

工具衔接主要回答“怎么扶”的问题。工具衔接是指实现巩固脱贫成果与推进乡村振兴衔接的主要手段、途径以及方式方法，即利用何种手段或途径来巩固拓展脱贫攻坚成果与推进乡镇振兴，以及如何发挥工具的功能从而实现工具衔接。从宏观层面上看，巩固拓展脱贫成果与乡村振兴衔接的主要工具有政策、发展规划、指导意见以及法律规章等。在中层面上看，衔接工具还有政策制度安排、体制机制以及数字治理手段等。为了更好地适应乡村振兴的任务目标要求，可以把脱贫攻坚时期形成的行之有效的工作机制和治理手段进行借鉴、改进、完善，将其转化为乡村振兴的治理框架，并随之应用到推进乡村振兴之中。例如，我国脱贫攻坚时期的一些深度贫困地区在消除绝对贫困之后，很容易因为外在帮扶力度的减弱和内生造血能力不足而出现规模性的返贫困，生计艰难。此外，一部分丧失劳动能力的贫困者由政府社会保障政策兜底，但是在脱贫攻坚深入推进过程中，社会保障的数量大幅缩减，这部分特殊困难人群需要考虑在乡村振兴的保障范围内。这些问题应纳入到乡村振兴的工作任务范围，采用灵活的治理工具因地因时地帮扶和振兴乡村。

于宏观层面而言，党和国家关于乡村振兴的政策、发展规划以及《乡村振兴促进法》是推进两者衔接的工具，党和国家绘就了乡村振兴的发展蓝图。如：《乡村振兴战略规划（2018—2022 年）》对乡村发展的目标任务及其时间做了规划和安排，按照因地制宜、分类推进的原则分步走：“短期目标到 2022 年，初步健全乡村振兴的制度框架和政策体系，脱贫攻坚成果得以巩固。中期目标到 2035 年，农业农村现代化基本实现，相对贫困进一步缓解，共同富裕进一步迈进；到 2050 年，乡村全面振兴，农业强、农村美、农民富全面实现。”可知，巩固拓展脱贫成果是乡村振兴的短期目标和阶段任务，两者是短期与短期、部分与整体的关系，在五年过渡期内实现两者的衔接。如此，在脱贫攻坚时期形成的工作机制同样适用于乡村振兴。

就微观层面的手段而言，职业教育定向培训能在帮扶和振兴乡村中发挥基础性的作用。“定向招生、定向就业”是我国为保障工作环境比较艰苦的地区和

行业能得到一定数量的高校毕业生而实施的一项招生就业制度。高职院校与部队采用联合培养方式为部队定向培养专业技术士官。定向培养士官模式可以为高职院校开展定向培训提供经验参考。职业教育定向培训就是在遵循职业教育办学规律基础上，借鉴“定向招生、定向就业”的基础上构建的定岗位招生、定培训方案、定技能培养的定向帮扶模式，旨在以定向培训帮扶相对贫困者获得一技之长从而实现就近稳定就业、巩固脱贫成果以推进乡村振兴，专门为本区域人才紧缺和条件艰苦的行业企业有针对性地培养和输送人才。

3. 基于内容维度，回答“扶什么”的问题

内容维度主要回答两者衔接的主要内容，即巩固拓展扶贫成果与推进乡村振兴的具体帮扶内容以及采用何种方式达成帮扶内容的衔接。《中共中央国务院关于打赢脱贫攻坚战的决定》提出“五个一批”，即“发展生产脱贫一批、易地搬迁脱贫一批、生态补偿脱贫一批、发展教育脱贫一批、社会保障兜底一批”。脱贫攻坚的主要治理内容有产业、易地搬迁、生态、教育、社会保障五个方面。十九大报告提出“要坚持农业农村优先发展，按照产业兴旺、生态宜居、乡风文明、治理有效、生活富裕的总要求，建立健全城乡融合发展体制机制和政策体系，加快推进农业农村现代化”。《乡村振兴战略规划（2018—2022年）》进一步明确了乡村振兴的主要内容，即产业、生态、文化、人才和组织的“五个振兴”，乡村振兴的总要求引领乡村的“五个振兴”。脱贫攻坚战的阶段性任务向乡村振兴“战略”的长期发展转向与衔接时，巩固拓展脱贫成果的“五个一批”与乡村振兴内容的“五个振兴”对接，即从“发展生产脱贫一批”与“产业振兴”对接、“生态补偿脱贫一批”与“生态振兴”对接、“发展教育脱贫一批”对接“文化振兴”“人才振兴”、组织扶贫对接“组织”振兴。

巩固拓展脱贫成果与乡村振兴在内容维度上衔接的内在逻辑为，巩固拓展“脱贫成果”是乡村振兴的基石和前提，只有保持脱贫地区乡村的可持续的“两不愁三保障”，才能保障脱贫地区帮扶工作重心向全面推进乡村振兴转移接续。乡村振兴战略接续脱贫攻坚战役，将巩固拓展脱贫成果作为工作内容，在推进乡村振兴中巩固拓展脱贫成果，既能促进乡村“五位一体”的整体发展与振兴，又能以发展与振兴保障脱贫成果。产业扶贫作为阶段性的工作任务，存在帮扶项目“短平快”、帮扶的产业发展链条短、可持续增长难等问题，难保障产业的内生发展。脱贫地区产业基础薄弱，部分脱贫者由于内生发展能力脆弱，很容易返贫。通过为相对贫困者提供职业培训和产业发展培养高素质产业工人，不

仅能提高相对贫困者的可行能力，还可以保障长期稳定脱贫和产业兴旺。通过甄别民族地区相对贫困者的致贫原因，发现部分相对贫困者思想观念落后、文化知识贫乏、技术技能贫瘠，进而确定“扶志—扶智—扶技”的整体帮扶内容，增强相对贫困者反贫困的核心能力。职业院校与当地政府、行业、企业等共同设计帮扶内容的课程体系，使培训项目契合当地产业发展需要、培训内容贴近岗位能力要求、符合受帮扶者成长发展需要，然后职业院校与企业协作采用灵活多样的教学方法将培训内容教授予受帮扶者。

三、职业教育定向培训帮扶模式建构的逻辑机理

民族地区职业教育定向培训目标定位从消除绝对贫困的兜底转向了共享发展的相对贫困治理，治理目标的转变要求高职院校完成职业培训在脱贫攻坚与乡村振兴衔接中的治理逻辑转换。本研究将从“主体—工具—内容”整体视角，厘清职业教育定向培训帮扶模式建构的内在逻辑机理。

（一）从单一主体到帮扶共同体：定向培训帮扶模式的主体变迁

职业教育与民族地区经济协同发展与振兴，要求产教跨界协同开展职业教育定向培训。职业教育是一种跨越教育与职业的教育类型，职业教育与民族地区乡村发展是一种相互促进的互动关系。为实现民族地区乡村振兴，要求职业教育与民族地区乡村协同发展、跨界深度合作，面向行业企业发展需要培养技术技能型人才。民族地区乡村振兴对技术技能型人才的渴求，希冀高职院校能够对接民族地区产业结构、面向行业企业培养“留得住、用得上”的本土性技能型人才。而民族地区乡村发展需求侧与高职院校供给侧之间容易出现结构性矛盾，因此需要政府部门或行业在“产”“教”之间做好沟通与协调工作。“至今为止，如何充分激发模式内各主体参与职教扶贫的自觉性，依然是尚未突破的难点，这也制约了职业教育实现‘高水平’人才培养的教育目标”[①]。成立政府、行业、企业、学校协同联动的职业培训帮扶共同体，促进产教融合式协同扶贫显得尤为必要。

---

① 瞿晓理. 我国职业教育扶贫模式的演进历程、经验总结及逻辑走向［J］. 职业技术教育，2020（13）：61.

“谋求共生发展，打造职业教育与乡村振兴的利益共同体。”[①] 职业培训共同体不仅能够聚集优质的教育资源，还能形成多方协同联动的培训帮扶合力，共同促进民族地区乡村振兴。张育松等认为可以“依托职教集团社会服务功能及可持续发展长效机制，形成以政府主导、校企参与、产教协同的职业教育精准扶贫模式，能实现集团精准发力、产教协同扶贫”[②]。以长沙航空职业技术学院“飞机维修部附件加工制造基本技能精准扶贫培训班项目”为例，该校实施产教联合式的定向培训帮扶模式，联合镇宁县政府、“贵飞”、厚诚发科技有限公司，成立“地方政府＋职业院校＋特色行业＋特定企业”的职业培训扶贫共同体，建构并探索了职业教育“三定三扶四主体”的定向培训模式，使一大批只有小学文化的山里大老粗变成能够生产军用飞机零件的产业工人，为贵州民族地区共培养了一大批“留得住、用得好”的本土性技能型人才。

（二）从服务区域发展到个人成长：定向培训帮扶模式的价值逻辑

职业教育定向培训应既关注个体成长与服务地方发展，又兼顾就业岗位指向性与技能针对性，构建具有精准帮扶、个体成长的特色职业定向培训模式，开辟以定向培训服务中西部地区乡村之振兴的新路径。职业培训是高职院校的法定职责，应培养服务区域发展的技术技能人才，重点服务区域经济发展。《国家职业教育改革实施方案》规定：“落实职业院校实施学历教育与培训并举的法定职责，按照育训结合、长短结合、内外结合的要求，面向在校学生和全体社会成员开展职业培训。”随着职业教育百万扩招政策实行，高职院校面向职业农民、下岗工人、退伍军人等群体招生，提供职业培训。国家把职业培训作为促进就业的重要手段，缓解就业的结构性矛盾。然而高职院校无论是坚持促进就业导向还是服务经济发展导向，都是职业培训的工具性价值——就业脱贫，忽视了职业培训内在的育人价值。“2020 年后，无论‘职业教育扶贫模式’被外界赋予什么样的发展逻辑，其内在发展的逻辑必须以‘培养高水平技能人才’为根本。”[③]

---

① 朱德全，杨磊．职业教育服务乡村振兴的贡献度——基于柯布-道格拉斯生产函数的测算分析［J］．教育研究，2021（6）：112．

② 张育松，李云飞．职教集团视角下职业教育助推精准扶贫研究［J］．教育与职业，2018（13）：33．

③ 瞿晓理．我国职业教育扶贫模式的演进历程、经验总结及逻辑走向［J］．职业技术教育，2020（13）：61．

中西部农村地区贫困人口摆脱了绝对贫困，主要面临的是在教育、就业方面的相对贫困，他们更加渴望接受优质教育以及进入主要就业市场。职业培训的价值取向不能仅追求在短时间内为行业企业培养速成的产业工人，而应兼顾参与职业培训学员的个体成长。接受职业培训的相对贫困者不仅需要职业院校教授职业技能、传授文化知识，还希望高职院校面向未来培养适应职业生涯发展的核心素养，夯实可持续发展的能力。那么职业培训在服务区域经济发展的同时，在办学方向、课程设置等方面应兼顾受帮扶者的个体成长，提供开阔视野的通识课程、激发脱贫致富的成就动机的素质拓展课程、社会参观见学等培训内容，教授除职业技能之外的职业素养、人文精神等教育内容，使受帮扶者具备可持续发展的能力以及反贫困的核心素养，能够进入主要就业市场，获取优质的工作机会从而实现技能致富。

（三）从扶生活之贫到扶能力之困：定向培训帮扶模式的行动逻辑

发挥职业教育定向培训在中西部农村地区相对贫困人口帮扶中技能扶贫优势。高职院校通过扩招及免费吸纳相对贫困生生源、提升相对贫困人口职业技能，能降低因受教育机会引发的致贫风险，促进相对贫困者充分就业。在绝对贫困人口生活物质资源紧缺的情况下，缺什么给什么，“输血式”的直接救济措施无疑是有效果的。但是当贫困人口的生活物质绝对紧缺解决以后，从以资源供给为基础的外源式援助转向以反贫困能力建设为核心的内生式发展，即将成为决胜脱贫攻坚后教育扶贫战略重心的必然转向。“‘扶教育之贫’通过教育权利保障和教育资源分配为‘靠教育扶贫’提供外延性的条件保障；‘靠教育扶贫’通过教育内部培养过程的完善，提升贫困群体的脱贫能力。这是脱贫攻坚阶段教育扶贫的逻辑，也是 2020 年后教育相对贫困的逻辑起点。”①

新时期，部分相对贫困者致贫原因在于核心造血能力不足。在脱贫攻坚阶段，国家投入大量的资金帮扶贫困者，已脱贫者缺乏反贫困的内生动力，面临着返贫困的潜在风险。“‘输血’式扶贫往往会出现一个人们不愿看到的结果，即越救济越贫困。同样，‘输血’式农村教育现代化也面临着没有形成持续发展

---

① 李玲，张馨元，刘一波．2020 年后义务教育相对贫困识别与长效治理机制［J］．教育研究，2021（5）：126.

动力的问题。”[①] 可见，帮扶主体仅仅是给予物质上的帮扶是不够的，需要更新受帮扶者的文化观念、提高文化素质、培训一技之长，才能靶向提升反贫困能力，促进相对贫困者真正摆脱文化与技能贫困，实现阶层流动。定向培训不仅要扶智与扶技，还要扶志，需要开发“志＋智＋技”的模块化课程体系。在此意义上，定向培训在扶相对贫困者的能力之贫上具有基础性作用，是帮扶其摆脱文化技能匮乏之困和阻断贫困文化代际传递的有效手段。

职业培训扶贫存在参与者的积极性不高、贫困者识别精准度不高、贫困人员核心造血能力不足以及贫困地区人才匮乏和人才流失等问题，职教集团构建精准化、系统化、长效化的职业教育定向培训扶贫模式已刻不容缓。鉴于受帮扶者相对贫困的特殊性、当地行业企业用人需求的急迫性、高职院校人才培养供给与地方产业结构需求的结构性矛盾，需要建构一种面向特定地区人群的以帮扶相对贫困和个人成长为目标的定向人才培训模式。这种培训模式是高职院校精准地面向民族地区的企业培养“留得住、用得上”的本土性技能型人才，为服务区域经济发展和促进相对贫困者脱贫致富。

四、职业教育定向培训帮扶的运行机制

鉴于受帮扶者相对贫困的特殊性、当地行业企业用人需求的急迫性、高职院校人才培养供给与地方产业结构需求的结构性矛盾，需要建构一种面向特定地区人群的以帮扶相对贫困、个人成长和乡村振兴为目标的定向人才培训模式。这种培训模式是高职院校精准地面向中西部农村地区产业发展培养“留得住、用得上”的本土性技能型人才，旨在服务区域经济发展和促进相对贫困者脱贫致富、促进乡村全面振兴。职业教育定向培训模式具体实施需要多个利益相关主体积极参与和联动协作，主要涉及中西部地方政府、职业院校以及地方产业企业、农民等利益主体。各利益主体围绕职业教育定向培训目标，明确自身的权责，加强沟通协作，其中地方政府在定向培训服务乡村振兴中发挥宏观统筹、组织协调的作用，职业院校负责项目组织与培训教学，地方产业企业重在参与及提供教育资源。

定向培训实施的运行机制主要包括成立帮扶共同体、协同定向招生、实施

---

① 秦玉友. 乡村振兴视域下农村教育现代化自信危机与重建［J］. 教育研究，2021（6）：143.

定向培训、培训管理、定向就业、保障等关键环节。培训帮扶共同体是定向培训组织的实施主体，主要明确定向培训的举办者、参与培训者，并建立帮扶共同体帮扶协作运行机制。协同定向招生主要包括明确定向帮扶的招生和就业范围、编制地区人才需求计划、筛选招生的职业院校、联合开展协同招生宣传及招生录取、签订定向培训协议。定向培训包括协同制订定向培训方案、构建定向培训课程体系、开展“定技能”培养、学业考核评价等。培训管理主要是组织定向培训学员来校以及其在学校学习期间的教学与生活管理等内容，管理以学校为主，地方政府协助。定向就业主要是培训合格后的学员回生源地就业，地方政府和地方产业企业负责协调学员就业问题和发挥好技能型人才服务乡村振兴的功用。

（一）成立“政＋行＋企＋校”四方协同帮扶共同体，建立健全协作帮扶运行机制

针对参与主体帮扶资源分散、行动上单兵作战、沟通协作不顺畅等问题，构建“地方政府＋职业院校＋特色行业＋特定企业”职业培训帮扶共同体，建立健全协同帮扶运行机制，既能够聚集优质教育资源，又能规范多主体参与的职业培训行为，还能促进职业培训供给侧与行业企业以及受帮扶者的需求侧紧密对接。搭建“政府＋学校＋行业＋企业”多方联动的职业教育定向培训协作平台，设立专门办公机构，配备专职工作人员，有效整合优质职业教育资源，为中西部地区提供契合产业结构和相对贫困者发展、乡村全面振兴需要的职业培训。中西部地区当地政府、职业院校和行业企业等主体在共同利益和远景基础上，“以契约方式构成一种利益休戚相关、命运荣辱与共的有机整体”①，在谋求自身发展的同时促进他者的共同发展，采取协同联动、共建共享等方式解决共同面临的发展问题。

1. 建立健全职业培训共同体的协作帮扶的运行机制

争取政府的政策保障与行动支持，统筹区域人才需求计划、协助定向招生、落实学费等事宜。发挥行业资源优势，统筹企业参与定向培训、指导校企制订人才培训方案、提供培训教学资源等；调动企业参与定向培训帮扶的积极性，

① 高树平，刘阳. 利益相关者视角下校企命运共同体的利益机制分析及其建构［J］. 教育与职业，2020（13）：20.

鼓励企业参与人才培训教学全过程、聘请企业能工巧匠、利用企业实习实训场所等；聚集与整合各方优质资源，促进四方主体互动协作扶贫、协同发展。例如长沙航空职业技术学院成立的“航空工程职业教育集团”，其设有办公机构、配备专职工作人员，建立协同招生、资源整合共享、培训协作帮扶、利益分配与激励、监督管理等机制，争取贵州安顺市镇宁自治县政府的政策保障与行动支持，统筹区域人才需求计划、协助定向招生、落实学费等事宜；发挥航空工业集团贵州飞机有限责任公司的行业资源优势，统筹企业参与定向培训、指导校企制订人才培训方案、提供培训教学资源等；调动厚诚发科技有限公司参与积极性，鼓励企业参与人才培训教学全过程、聘请企业能工巧匠、利用企业实习实训场所等。聚集与整合了各方优质资源，促进了四方主体互动协作帮扶、协同发展，解决了职业教育参与主体协同帮扶与振兴机制不完善的问题。

2. 健全完善利益分配与激励机制

为了更好地规范和分类治理地方政府、职业院校、行业企业在定向培训培训帮扶项目中的利益诉求，可以在定向培训帮扶项目的协议或章程中制订利益分配与激励机制，以解决职业教育扶贫参与主体协作不紧密的问题。利益是定向培训帮扶共同体成立的价值基础，也是各利益相关者参与的动力所在，支配着各利益者的行动。首先，为了有效分配相关利益者的合理利益，需要建立信息沟通与诉求表达机制。中西部地区地方政府、职业院校、行业企业各设立一个联络员，负责搜集、传递及反馈信息，沟通协调各方的定向培训意见和解决定向培训相关问题，促进定向培训帮扶信息上通下达、横向互通。为了减少信息传递在帮扶共同体之间的损耗，建立数字化的信息交流平台，例如建立 QQ 群、微信群，定期发布定向培训帮扶简报、召开线上会议等手段，畅通诉求表达通道，增进主体间的信息共享，促进各主体表达合理利益诉求。其次，建立健全利益分配协调机制，保障各利益相关主体的合理利益。中西部地区地方政府作为公权力部门，为人民服务是其根本价值立场，帮扶和振兴乡村是其职责和任务所在。地方政府通常会把组织统筹职业教育定向培训帮扶作为地方政绩，积极促成职业院校与行业企业开办职业教育定向培训帮扶和振兴项目，一方面采用购买服务的方式，向承接定向培训帮扶的院校给予培训经费补贴、办学经费支持等，鼓励职业院校面向乡村人才紧缺领域积极开展定向培训帮扶和振兴项目；另一方面，采用“金融＋财政＋土地＋信用”组合式激励行业企业参与职业教育定向培训帮扶和振兴项目。此外，定向培训帮扶共同体需要借助多种沟通工具，宣传国家乡村振兴政策，营造全面推进乡村振兴的文化氛围，增加职业教育定向培训的吸引力，吸引更多的村民接受职业教育定向培训。

（二）设计“定岗—定培—定技能”的“三定”培训框架，实施定技能培训

针对民族地区相对贫困原因识别不够准确、帮扶对象不够精准、农民受教育年限偏少、职业培训帮扶的实效性不够高、人才培养的产业适应性不高、职业培训内容的针对性及实用性不强等问题，建立“定岗—定培—定技能”三级定向培训框架，即“岗位预定—行校企共定人才培训方案—特定技能”，确保定向招生即招工、定向培训即工作任务、培训结业即就业，使职业教育定向培训精准地匹配特定行业产业的要求和特定企业岗位的需要。设计“定岗—定培—定技能”的三级定向培训框架，使职业培训精准匹配特定行业产业的需求和特定企业岗位的需要。

1. 建立一种以帮扶和振兴乡村为目标的定向招生与就业机制

针对中西部地区乡村相对贫困者受教育机会偏少、相对贫困者的帮扶瞄准有偏差、本土优秀人才“东南飞”、外部优秀人才“引不来，留不住”，构建一种专门为民族地区乡村人才紧缺和条件艰苦的行业企业有针对性地培养和输送人才的定向培训模式。“定向”，意味着培训帮扶组织把培训学员的招生生源地与就业归属地相结合，将培训内容与就业地的乡村产业经济发展需要和企业岗位胜任要求精准对接，由此以实现对乡村相对贫困者群体的教育补偿和为乡村人才紧缺行业企业培养高素质兴农人才的双重目标。定向培训模式的主要特色便是“定向范围”，即定向招生、定向培训、定向就业。定向培训帮扶与振兴旨在解决民族地区乡村人才匮乏和人才流失的问题，在此意义上，定向培训成为一种以反贫困和乡村振兴为目标，面向民族地区脱贫者个体成长成才和乡村发展振兴的职业教育精准帮扶与振兴方式。

“定向”具体体现为一种定就业区域的定岗位招生机制，换言之，定向招生即就业，职业院校面向中西部地区乡村经济发展和相对贫困者发展需要定向招生，以契约形式鼓励培训学员在生源地定向就业。职业院校、民族地区政府、行业、企业四方签订定向招生与就业的战略协议，培训招生计划向中西部地区乡村倾斜。职业院校联合地方政府以及行业企业面向民族地区招生宣传，提高乡村相对贫困者以及其他群众参加定向培训的积极性。定向培训精准定向到地

区、产业、企业、人员、岗位，专门面向中西部地区乡村振兴培养急需的各种技术技能人才，确保定向培训合格的学员回到当地就业，而不是流向其他地区，提高培训学员的就业精准度、岗位适应性。当前，我国高等职业教育实行以省为主的管理体制，中等职业教育实行以市、州为主的管理体制，职业院校定向培训具体招生可以由所属省市统筹，在本省、市、州范围内开展招生培训。为了更好地配合民族地区乡村振兴战略全面实施和寻求优质职业教育资源，还可以尝试在本地政府统筹协调下，开展跨区域的定向培训帮扶。例如，镇宁县人民政府为帮扶乡村相对贫困者获取可持续发展生计的能力，统筹整合区域优质产业企业发展资源，促成中航工业贵州飞机有限责任公司、厚诚发科技有限责任公司与长沙航空职业技术学院签订四方联合的职业教育精准帮扶的战略合作协议，联合开展定向招生宣传，尝试开办定向招生与就业的培训帮扶项目。

2. 共同制订“扶志—扶智—扶技”的定向培训方案

培训方案是定向培训帮扶共同体实施定向培训的纲领性文件，是指导定向培训的行动指南。为提高定向培训方案的科学性和精准性，定向培训帮扶的相关主体应积极参与定向培训方案的制订。职业院校是提供技能培训的专业机构，应是定向培训方案制订的主体；职业院校识别企业、相对贫困者、政府的培训需求，分析受培训人员的基本情况，量身打造个性化培训方案，确保职业培训内容精准指向特定地区预定产业企业的特定岗位。中西部地区地方政府部门负责指导和监督定向培训方案制订；行业企业作为技术人才的用人方，派遣工程师、高级技师以及一线技术人才参与培训方案制订。多方主体联合制订定向培训方案，凸出定向培训方案的协同定向、精准帮扶特色。定向培训帮扶共同体依据中西部地区产业发展趋势、行业企业的用人需求以及相对贫困者自身发展需要订制定向培训方案，明确培训目标、定向招生对象、课程设置、培训内容进程、实习实训以及考核评价等内容。

定向培训目标是对学员培训项目预期实现目的的明确规定，表现为培训目的在具体项目培训教育教学层面的落实。针对中西部地区乡村高素质职业农民、家庭农场经营者、农民合作社带头人、农村创业创新带头人等各种各样的农村实用人才的缺口，职业院校的定向培训目标应契合中西部地区乡村发展与振兴实际，聚焦当地优势产业、乡村发展薄弱环节、相对贫困者个体成长发展，体现职业教育的类型特色。培训目标是对人才培训规格的具体规定，即对培训学员的知识结构、技能水平和素质要求等给予明确规定和阐释。定向招生对象，明确了招生的区域范围、学员文化背景要求、人数、就业岗位。课程设置和实习实训关系到定向培训的具体内容，应精准对接就业企业岗位胜任素质要求、培训学员自身文化水平以及地区产业行业特色，开设模块化的课程。培训内容进程详细规定了具体培训的模块课程、学时、课程表、教学形式、考核方式以及任课教师、课外活动等内容。考核方式是对学员培训水平的测试，明确具体考核方式及考核标准。定向培训方案制订在坚持灵活性、科学性、精准性的原则的基础上，既要关注定向招生与就业环节，也要重视定向培训的过程环节。

3. 采用灵活多样的方式开展定技能培训

定技能培训是定向培训帮扶的核心内容和定向培训方案的具体实施，充分体现了职业培训帮扶和振兴乡村的精准性、实用性。职业院校根据行业从业人员准入资格培训大纲规定及行业企业特定岗位能力要求确定定向培训技能，在培训教学过程中以生产任务为核心进行组织专业理论教授内容与实训教学任务，基于工作岗位的任务导向，开展情境—项目式教学，提高培训教学内容的指向性、针对性。培训学员个体的文化水平和学情特点是教育的起点，培训学员个体的成长发展是定向培训的终点，学员个体情况制约着定向培训教学内容和教学方式，定向培训机构及教师应做好学情收集和分析工作，结合学员个体发展实际安排培训教育教学内容和采用通俗易懂的教学方式。在文化知识课程模块，培训教师可以采用讲授法、讨论、主题教育活动、参观见学等方式教授和帮助学员巩固文化知识。在专业技能课程模块，应突出培训的实践性、技能性、实用性特点，采用现场演示教学、学员边学边练的方式开展实用技能培训，让学员在真实的生产环境中习得和锤炼技能。在实习实训环节中，职业院校采用顶岗实习、参观见习、小组合作探究等灵活多样的方式开展实践教学。地方行业企业积极为培训学员提供实习实训场地和顶岗实习机会。

（三）构建“三扶”的“志＋智＋技”模块化课程体系，增强学员的内生发展能力

民族地域文化圈属于社会的亚文化圈，相比主流文化圈而言，不免存在狭隘、落后、封闭等问题。在中西部地区受乡村亚文化圈的负面因素影响，部分相对贫困群体的成就动机还不够高，缺乏积极向上的奋斗精神，尤其“贫困文化”极易在代际之间传递，这对乡村现代化发展观念在乡村中形成与扎根产生消极影响，增大了振兴乡村文化与人才的难度。此外，民族地区职业教育发展

是人和社会、经济的发展需要，人和社会、经济需要职业教育什么样的职业培训，在一定程度上反映了职业教育帮扶什么。扶的对象以及扶的内容又影响了职业教育的帮扶方式。职业技能培训帮扶应坚持需求导向，面向工作岗位任务组织开展培训，其课程是工作系统化的课程。能力本位教育思想能为民族地区职业技能培训的课程开发及内容组织提供理论指导。

20 世纪 60 年代，能力本位教育思想作为一种世界范围的职业教育与培训思潮，被广泛应用于美国“二战”后对退役人员的专业训练。能力本位教育的核心思想在于，从职业岗位的需要出发，确定能力目标，学校聘请行业中具有代表性的专家组成专业委员会，按岗位群从业需要，层层分解，确定从事行业所应具备的能力，确定培养目标。学校组织相关教学人员，依据培养目标，设置相关课程，组织教学内容及实施考核评价。2010 年，欧洲职业培训发展中心（CEDEFOP）提出一个理想的职业教育课程及其开发框架，将课程划分为书面课程和教学课程；而书面课程表现为文件，包括资格与评估标准、教育与课程标准、培育与学习方案等规范性文件；教学课程表现为具体环境下的应用实践，即系列的教学和实践活动，如下图 5-2 所示。

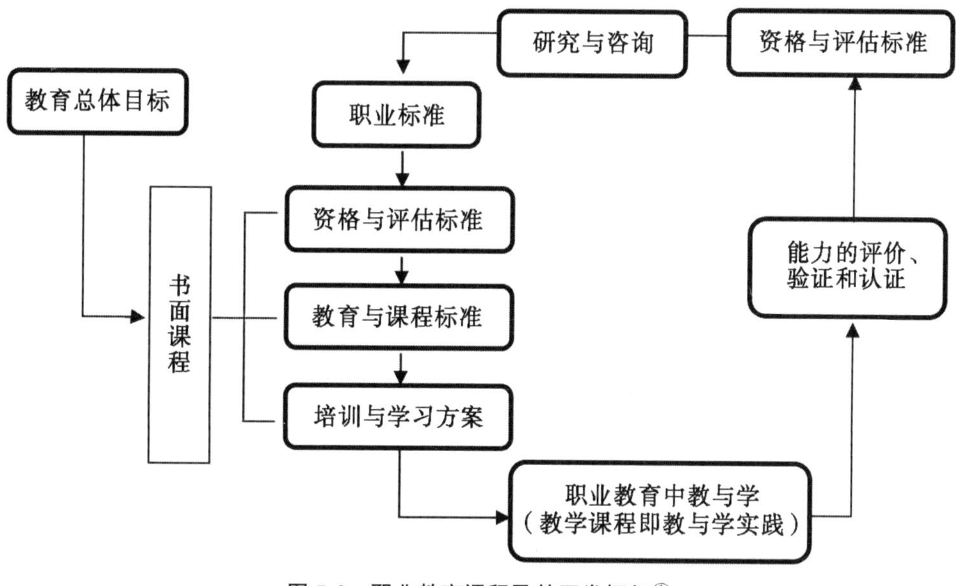

图 5-2　职业教育课程及其开发框架①

① CEDEFOP. Learning outcomes approaches in VET curricula: A comparative analysis of nine European counties [EB/OL]. 2010. http://www.cedefop.europa.eu/files/5506_en.pdf.

由上可知，针对中西部地区相对贫困者思想观念落后、文化知识贫困、技术技能贫瘠的核心造血能力不足的问题，应着眼于地方经济发展需要和个体成长要求，结合地区地方特色行业准入资格标准，构建“志—智—技”模块化课程体系，形成以志促智、以智增技的良性循环，增强相对贫困者的核心造血能力和村民可持续发展的内生发展动力。在模块化课程体系建构方面，明确职业培训的知识、技能、素养要求，合理设置课程教学内容，凸显关注个体成长、精准扶贫的特色内容。精准服务面向，确立职业培训的三维目标，即培养“留得住、用得上”的急需技能人才，实现“帮扶一人、致富一家”，满足当地企业对技术技能人才的需要，治理民族地区相对贫困和服务乡村振兴。

1. 设计“扶志”课程模块

精神贫困是中西部地区乡村部分相对贫困者的主要特征之一，它的一个重要表现就是缺少奋发向上以改变现有生存发展现状的志向或志气，即“人穷志短”。重视发挥职业教育扶志功能是振兴中西部地区乡村的题中之意。心理学中的自我效能感、成就动机就是日常生活中的“志”，“志”意为志气、志向，即心之所向。志气或志向是个体在生命成长中的努力方向和奋斗目标，指引个体追求自身发展和价值实现的内在驱动力，促进个体奋发图强的关键因素。孔子曾这样描述自己，“吾十有五而志于学，三十而立，四十而不惑，五十而知天命，六十而耳顺，七十而从心所欲，不逾矩。”[①] 由此观之，“志于学”开启并贯穿于孔子“学”过程的始与末，构成了孔子求学人生的起点。在此意义上，志代表着人们对美好事物的追求和向往，有志者将具有超越平庸追求善的动力。反之，缺志或无志的人生是盲目的、空洞的、没有意义的。据心理学相关研究显示，自我效能感、成就动机等心理因素与个体的努力奋斗程度成显著的正相关，自我效能感、成就动机的高低往往影响着个体设立的预期目标的实现程度。换言之，一般情况下，个体的自我效能感、成就动机越高，其努力奋斗的程度越高，预期目标实现的可能性越大。在心理学家班杜拉看来，自我效能感是人们对自身能否利用所拥有的技能去完成某项工作行为的自信程度。美国哈佛大学教授戴维·麦克利兰把成就动机归为人的高层次需要，它表现为一种长期状态的内在驱动力，个体追求自身价值实现的最大化或者在追求自我价值实现过程中以方法所通达的最完美的状态。这种追求自身价值实现的内在驱动力能够

① 杨伯峻. 论语译注［M］. 北京：中华书局，2006：13.

直接影响个体的思考方式和行为活动。此外，“志”不仅是乡村相对贫困者对脱贫致富的心之所向，还是乡村相对贫困者选择职业培训以脱贫以及努力奋斗通往人生目标的动力引领和支撑。钱穆曾论述了“志”与“学”的关系，“志者，心所欲往，一心常在此目标上而向之趋赴之谓。故有志必有学，志学相因而起”[①]。当下，我国中西部地区脱贫乡村部分群众仍然普遍缺乏成就动机、自我效能感不高，“扶志”应成为职业教育帮扶和振兴乡村方面关注的焦点和突破的瓶颈。

当前，我国中西部地区脱贫乡村的部分脱贫者由于受到长期的贫困文化影响和多年的生产生活习惯影响，致使其产生了惰性的惯性思维和对奋斗致富改变命运的习得性无助，他们长期习惯并麻木于当下的生活、缺乏努力奋斗的动力，表现为人穷志短、目光短视、逃避劳动、得过且过、安于现状的消极精神状态，将自身的生存和发展寄托在政府的帮扶。相对贫困者脱贫和乡村整体振兴的先决条件在于部分乡村群众摆脱观念上的落后与贫困，把得过且过、安于现状的思想观念转化为美好生活的向往，帮扶部分群众摒弃贫困落后的思想观念。因此，在巩固脱贫成果和振兴乡村的进程中，针对贫困者思想观念落后、社会人员个人背景复杂、民族多样，设计“扶志”模块课程。扶志的内在教育逻辑在于，关注和发挥非理性教育的帮扶价值，以扶志推动相对贫困者的精神贫困治理。与理性教育相比，非理性教育则较为关注培养人的需要、动机以及意志等心理品质。“扶志”模块课程的目标在于激发乡村群众为脱贫致富奋斗的内在驱动力，引导摆脱错误的思想观念，形成农业农村现代化发展的思想观念，实现由“要我奋斗”到“我要奋斗”的思想转变。“扶志”模块的课程内容主要包括：优秀的传统乡村文化、先进的现代城市文化、现代企业文化以及艰苦奋斗、自力更生、奋发向上等优秀劳动品质，加强乡村群众的世界观、人生观、价值观建设，增强乡村群众的自信心和内生动力。“扶志”模块课程设置方面，可以开展心理健康教育、军事训练拓展活动，开设道德讲堂，更新文化观念，传播技能脱贫致富观念，激发相对贫困者脱贫致富的意愿与动力。

2. 设计“扶智”课程模块

19 世纪中叶，英国教育家赫伯特·斯宾塞（Herbert Spencer）分别在《北不列颠评论》和《不列颠季刊》发表文章，提出了近现代意义上的“智育”概

---

① 钱穆. 论语新解［M］. 北京：九州出版社，2011：23.

念，并进一步指出科学知识最有价值："科学在智慧训练上是最好的"，它可以培养人"用理智去判断事物"①。受科学发展的影响，学校教育把科学文化知识作为教学的重心。当下，我国学界普遍认为，智育是一种教授文化知识的教育活动，即智育是担负培养学生智慧能力任务的教育，主要向学生传授科学文化知识，形成学生的技能，培养学生的能力，发展学生的智力②。《教育大辞典》中将"智育"定义为，"智育，亦称'智力教育'。使受教育者掌握系统科学文化知识与技能、发展智力的教育"③。苏霍姆林斯基认为，智育"包括获取知识、形成科学世界观、发展认知和创造能力、养成脑力劳动的技能、培养脑力劳动的兴趣和要求，以及不断充实科学知识并将其运用于实践的兴趣和要求"④。综上所述，智育的核心内容包括科学文化知识、技能以及发展智力，其中智力是指在文化知识积累中形成的理智认识能力或思维能力。智育亦是人全面发展的一个方面，在此意义上，智育意为个体在"智"的教育活动中积累了科学文化知识和发展了智力。如此，文化知识学习只是智育活动的一个维度，智育活动还包括学习技能、发展思维能力等方面，需要进一步明确智育的纵向结构。职业培训体现了职业教育的类型特色，职业培训中的智育活动部分需要在智育理论指导的基础上，结合民族地区乡村群众现有智力水平和成长发展实际，合理设计和安排智育活动的内容结构。

针对乡村部分相对贫困者普遍受教育水平不高、文化基础知识薄弱，聚焦当地优势产业发展需求、科学的农业生产方式及企业用人规模需要，设计"扶智"模块课程。有研究认为，职业培训主要在于引导群众形成文明的生活习惯，以科学合理的方式开展生产劳动，课程设计应以"培养贫困人口核心素养"和"可持续发展能力"为导向，以文化基础为技能学习基石，构建知识技能分布协调的课程结构体系⑤。开设通识和专业理论课程、设置岗位人员从业理论知识、职业素养与安全教育、专业基础理论知识、企业文化等课程，应对职业培训人

---

① ［英］斯宾塞. 斯宾塞教育论著选［M］. 胡毅，王承绪，译. 北京：人民教育出版社，2004：41—42，224.

② 皮连生. 智育心理学［M］. 北京：人民教育出版社，2008：23.

③ 顾明远. 教育大辞典（增订合编本）［M］. 上海：上海教育出版社，1998：48—63.

④ ［苏］穆欣. 智育的奥秘［M］. 刘文华，杨进发，陈会昌，译. 太原：山西人民出版社，1988：17.

⑤ 李鹏，朱成晨，朱德全. 职业教育精准扶贫：作用机理与实践反思［J］. 教育与经济，2017（6）：76—82.

员的文化知识相对贫困，为培训学员接受专业技能培训打好知识基础，进一步提升文化知识素养。对接企业岗位能力要求组织技能的培训内容，制订能力递进的专业技能课程，涵盖专业理论知识、专业基本技能、专业综合技能等内容，实施理实一体化教学，采取校企分工协作授课的教学形式，通过情境教学法、项目式教学法、案例教学法等灵活多样的教学方法开展技能培训，做到实时理论教学与现场动手操作相结合，使培训教学内容通俗易懂，确保学生学有所成。

3. 设计“扶技”课程模块

当下，我国经济发展面临技能型人才总量上的短缺及结构上的失调。“据人社部数据显示，截至目前，我国技能型劳动者超过 2 亿人，其中高技能人才超过 5000 万人。但我国技能型劳动者占就业人口总量仅为 26%”。[①] 中西部地区乡村的部分相对贫困者虽然非常勤劳，但因缺乏技术支持，固守在现有少量土地基础上，难以获取抵抗返贫困的经济能力。此外，低技能的工人因技术技能有限无法胜任高技能要求的工作岗位，而只能获取低微的经济收入，从而处于劳动力就业市场的不利处境，陷入相对贫困。为满足经济发展对技能人才的迫切需求，防止脱贫者、相对贫困者返贫，需要加大职业教育和培训的力度，加快培养技能型的劳动者，使相对贫困者获取稳定可持续的增收渠道。技术技能人才的典型特征是具有一定的专业理论知识和动手操作能力强，其中动手操作能力强集中体现了职业能力强，熟练掌握了实用的技术技能，而职业技能培训是实用技术技能获得的一种重要途径。依据能力本位教育思想，职业技能培训应始终指向工作岗位为逻辑起点、以关键能力为核心内容，职业技能培训项目的课程教授的内容应与劳动力就业市场所需的技能以及个体可持续发展能力之间保持协调一致。职业技能培训重在培训和提升受训学员的职业能力，使受培学员能运用理论知识和实践操作能力解决和应对工作中的技术技能问题。从内容上看，技术技能的一般包括行业通用技能和企业岗位要求的特殊技能，前者主要是指职业标准及行业准入标准规定的标注化通用技能，后者主要指具体企业工厂要求胜任工作岗位及生产工序上的特殊技能。从形成过程上看，技术技能获得是一个学习和积累的终身学习过程，前期需要受培学员在培训院校中通

---

① 技能人才需求旺盛——我国技能劳动者超过 2 亿人，其中高技能人才超过 5000 万人［EB/OL］.（2021-03-19）［2022-11-20］. http://www.mohrss.gov.cn/SYrlzyhshbzb/dongtaixinwen/buneiyaowen/rsxw/202103/t20210319_411432.html.

过专业知识学习和实践操作锻炼以及校内实训中获得职业能力，后期需要受培学员在企业工作顶岗实践以及从业后的工作岗位中持续积累和提升技术技能的经验和水平。换言之，技术技能学在院校，积累在工作岗位，唯有院校技术技能培训和企业生产实践中经验积累之间的互动才能促进培训学员获得实用技术技能，如此院校需要采取“工学结合”方式组织培训内容，使受培学员在生产实践中通过“干中学”形成技术技能。

针对乡村部分相对贫困者及产业工人的技术技能贫瘠、技能适应性不强、技术水平落后等问题，设计“扶技”课程模块。首先，对接职业标准编制培训教材。构建从业人员准入资格技能体系，培训课程教材严格依据职业标准或行业从业准入标准编制，将从事某项职业要求的普适性技能纳入培训内容，使培训学员掌握进入行业的必备技能。其次，对接行业企业工作岗位技能要求，设置具体技能培训的模块课程。培训教学内容与企业工厂工作过程紧密联系，将工作过程的完整工艺流程转化为符合职业培训课程教学要求和技术技能形成规律的专业知识和技能。制订能力递进的专业技能课程，涵盖专业理论知识、专业基本技能、专业综合技能等内容。再次，实施理实一体化教学。采取校企分工协作授课的教学形式，通过情境教学法、项目式教学法、案例教学法等灵活多样的教学方法开展技能培训，做到实时理论教学与现场动手操作相结合，使培训教学内容通俗易懂，确保学生学有所成。

总而言之，在脱贫攻坚与乡村振兴衔接的过渡期内，以职业教育定向培训扶相对贫困者观念、知识、技能之贫困将成为后扶贫时代的工作转向。高职院校应深入探究与建构多部门、多主体协同治理相对贫困的长效机制及定向模式，形成“政府＋行业＋企业＋学校”相互增进的职业教育定向培训体系，形成治理相对贫困与服务乡村振兴的良好生态循环。

第六章　职业教育定向培训帮扶模式的保障措施研究

面向农村地区的职业教育定向培训模式的实施是一项复杂而系统的工程，它既需要大力发展职业教育事业，瞄准农村地区经济发展需求，构建行之有效的培训模式，提高职业教育作为振兴乡村手段的有效性；又要求尊重利益相关者参与帮扶的利益诉求，提升相关主体的参与积极性及协作能力；还需要健全完善相关体制机制，为定向培训模式实施提供制度保障。

一、宣传现代职业教育理念，转变乡村传统职业教育观念

观念理念是乡村农民群众行动的先导，只有乡村大力宣传技能型社会的价值理念，引导广大农民群众树立正确的职业教育认知，才能真正构建起服务乡村振兴的现代职业教育发展体系，充分发挥职业教育在乡村振兴中的基础性作用。反观实践，如部分乡村群众的“等靠要”惰性依赖思想、一些乡村群众将职业教育视为差等教育的价值偏向、为广大群众所诟病的职业教育误人子弟的错误认知等，这对职业教育事业发展及其服务乡村振兴的社会功能发挥形成了制约。因此有必要，从理念层面着手，通过宣传现代职业教育理念，扭转乡村群众关于职业教育的错误观念。

(一) 倡导尊重劳动的价值观念，改变对职业教育的社会偏见

与普通教育相比，乡村群众乃至社会普遍认为职业教育是普通教育的压缩饼干，是差生接受的教育类型，接受职业教育的学生是没有前途的。在很长的一段时期，这种价值偏见曾一度主导了大部分乡村群众的职业教育理念，甚至

部分农村家长因子女无法就读普通高中、升入普通高等学校而产生焦虑恐慌。一部分农村家长对职业教育持一种悲观态度，认为即使接受了职业教育，依然是处于社会的底层、车间流水线上的工人，还不如直接步入社会，因此上中职、高职意味着是落榜生在优先选项走不通情况下的无奈之举。当然，造成职业教育遇冷的不公平待遇的这种局面，是社会现实的综合因素造成的。倘若对这种职业教育歧视问题进行溯源，不难发现，其背后的深层原因在于我国乡村社会对体力劳动的轻视、重视脑力劳动的传统观念。如“三区三州”职业教育社会认可度低的原因，许多调研对象谈及当地根深蒂固的重视学历、鄙薄技艺的社会价值观念①。部分农民群众仍然受“万般皆下品，唯有读书高”“学而优则仕”“劳人者治于人”等传统劳动价值观念影响，存在贬低体力劳动、轻视流水线工人的现象。随着我国经济社会的现代化建设进程加快，云计算、大数据迅猛发展，我国步入了后工业化时代，生产劳动向互联网“工厂”迁移，“互联网＋”各种行业催生了以智力劳动为主的数字劳动、非物质性劳动、共享劳动等新的劳动形态。历时的农业社会、工业社会、后工业社会在当下表现为共时的存在。社会形态的多元化必然导致劳动形态的多元，当下劳动形态主要表现为体力劳动、机械化劳动以及数字劳动、非物质性劳动等多元并存的劳动形态。围绕劳动形态开展劳动教育，宣扬劳动精神、尊重体力劳动者，引导广大农民群众认识到职业教育在经济建设中的作用，意识到接受职业教育也能够人生出彩，消解人们“轻视体力劳动”的社会偏见，使整个乡村社会逐步树立尊重劳动、崇尚劳动的价值理念，形成尊重体力劳动、尊重体力劳动者的社会风尚。如此，才能有效改变农民群众关于职业教育的错误观念，才能破除职业院校实施定向培训模式的思想观念上的障碍。

（二）加大职业教育宣传，营造实施定向培训模式的社会氛围

为办好农村群众满意的职业教育，2021 年 10 月，中共中央办公厅国务院办公厅印发《关于推动现代职业教育高质量发展的意见》，要求“支持办好面向农村的职业教育，强化校地合作、育训结合，加快培养乡村振兴人才，鼓励更多农民、返乡农民工接受职业教育”。在现实生活中，很多农村青年以及返乡农

---

① 张劲英，陈嵩．“后脱贫时代”职业教育如何行稳致远——“三区三州”职业教育发展现状与未来展望［J］．教育发展研究，2021（11）：1—7.

民工、部分职业院校、一些培训学员、企业等相关职业教育主体，没有正确意识到定向培训模式的重要性，虽然通过职业教育宣传，部分群众了解到定向培训帮扶对于乡村经济发展的重要性并愿意参加培训，但是只有职业院校单方面举办、培训学员的满腔热忱，缺乏行业企业的积极配合协作，这一定向培训模式是无法有效实施的。由此观之，职业院校实施定向培训帮扶模式的关键在于加强职业教育宣传，营造定向培训帮扶模式的社会氛围，吸引广大乡村群众参与定向培训，促使多方相关利益主体积极支持定向帮扶模式实施。具体宣传路径如下：

其一，地方政府部门积极宣传定向培训帮扶模式。地方政府部门作为推进乡村振兴的重要组织者，在大力发展面向农村职业教育、培养技术人才、服务乡村经济发展中具有不可推卸的责任和义务，应采取相关政策措施加大对职业教育定向培训帮扶模式的宣传力度，倡导职业院校创新职业农民培训模式，鼓励行业企业积极参与定向培训帮扶模式实施，鼓励广大农民群众接受职业教育与培训。其二，职业院校职业培训相关负责人自觉树立精准对接区域产业结构、面向农村群众成长成才发展需求开展职业培训的定向意识，引导教师、培训学员、参与企业意识到定向培训的优越性，组织号召广大农民群众参与定向培训项目。其三，社会媒体大力宣传职业教育定向培训帮扶模式。通过使用多元化的宣传媒介，在社会上形成凭借一技之长实现人生价值、技能宝贵、接受职业教育人生出彩等的舆论环境，宣传现代职业教育发展趋势及办学现状，培养其对职业培训价值认同和情感，引导社会公众形成正确的职业教育理念。在社会上开展现代职业教育的宣传，利用电视、报纸、广播等传统媒介大力宣传劳动模范事迹和传播技能宝贵的观念。在信息化时代，互联网宣传方式比传统媒介更能吸引和唤醒公众对职业教育价值的关注和思考。借助数字化网络平台、线上教学平台以及微信、微博等网络新媒体，宣传现代职业教育理念，营造人人努力成才、人人皆可成才、人人尽展其才的良好环境。

二、尊重相关利益群体的价值诉求，提高参与积极性

（一）尊重协调利益相关者诉求

尊重和协调职业教育定向培训中不同利益相关者的利益诉求，能增强职业教育定向培训扶贫的有效性。定向培训帮扶是由地方政府部门、行业企业、职业院校、社会等参与主体协同完成的，成立帮扶共同体尤为必要。各利益相关

主体所属不同的利益部门，各部门间的价值诉求及利益是不同的，且部门自身的利益存在排他性。作为行政单位的地方政府，在推进乡村振兴中主要价值追求是带领农民群众致富及促进地方经济发展，要求部门自身利益最大化同时不受外界侵害，如本部门工作人员的已有利益不受侵害，且带来一定利润及福利待遇提升。行业企业作为政府行政部门与职业院校合作实施职业教育定向培训帮扶的桥梁和纽带，关系着定向培训帮扶项目的招生入口和就业出口，期望职业院校为行业企业培训合格的产业工人，保障与提升企业的生产效益，同时履行服务区域经济发展和增加社会福利的社会责任。

作为事业单位的职业院校其隶属教育行政部门管辖，主要的价值追求为促进农民群众成长成才、为乡村社会培养职业农民，同时追求学校的良好发展及教师福利待遇提高。作为职业教育定向培训帮扶的受益对象，培训学员及家长不仅希望得到求学机会及政策补贴，还期望改变自身发展境遇乃至实现阶层流动。可见在政策实施过程，不同参与部门间的价值追求是不一样的，而且部门自身的利益存在排他性。诚如石献记、朱德全等认为，“不管是中央政府教育政策与制度研究的国家逻辑，还是地方政府的绩效逻辑，或是职业院校的教育逻辑，抑或是行业企业的社会责任逻辑和乡村社会的变革逻辑，助推新时代乡村社会的现代化发展始终是它们在参与职业教育服务乡村振兴实践中的逻辑起点和价值旨归”①。因此，有必要让多方主体在“为农村培养新型职业农民为主体的实用技术人才”这一价值追求上达成共识，并在此共识基础上尊重各方的利益诉求。

（二）争取相关利益主体参与定向培训帮扶

尊重各利益相关者的利益诉求，能提高其参与定向培训帮扶工作的积极性，争取各方的支持，才能充分发挥定向培训在服务乡村振兴中的功能作用。各利益相关主体在参与职业教育定向培训帮扶工作时的动力取决于参与行为结果是否对自身有利，如果职业教育定向培训的实施结果损害了相关利益群体的既得利益，则极大可能出现对工作的消极应对乃至抵触态度。定向培训工作离不开当地政府部门的参与及精力投入，但是当地政府部门更多地追求的是政府利益

① 石献记，朱德全．职业教育服务乡村振兴的多重制度逻辑［J］．国家教育行政学院学报，2022（04）：44－45．

的最大化，然后才是职业教育定向培训成效，忽视职业教育定向培训的过程监管及就业。从职业教育定向培训本质来看，职业培训扶贫实施过程是各方群体利益博弈的结果，因而需要综合平衡各方政策参与主体的价值利益诉求。职业院校在职业教育定向培训实施过程中获得教育扶贫经费，不仅能提高培训的积极性与动力，还能促进职业院校办学质量提升。

三、调整人才培训定位，满足区域经济的发展需要

精准调整人才培训定位，满足区域经济发展需要，是职业教育治理乡村相对贫困和服务乡村振兴的有效手段。职业教育治理相对贫困的关键在于不断提高相对贫困人口的文化水平、技术技能，培养出一大批适合农村地区经济发展需要的实用技术人才，以此满足农村产业发展对技术人才的需求，推动当地经济发展，实现精准治理相对贫困的目标。

（一）注重培训项目与区域产业结构的契合度

帮扶共同体的定向培训帮扶方案直接决定着技能人才的规格与类型，是影响相对贫困治理成效和服务乡村振兴的重要因素。帮扶共同体在联合当地行业企业选择培训项目和制订项目培训方案时，应紧紧围绕农村地区的主导产业、农村特色产业的发展需求，开设契合企业需要的培训项目，提高培训项目与当地产业的契合度。在培训项目开设过程中，一方面结合当地优势产业需求，兼顾相对贫困者个体发展需要，形成具有精准帮扶、成长发展特色的培训项目的设置格局，满足当地对多类型技能人才的需要；另一方面，联合行业企业开展培训项目调研，对接当地人才需求和企业培训需要动态调整培训项目设置，确保学校培训项目为当地行业企业之所需。如长沙航空职业技术学院通过实施开展飞机维修部附件加工制造基本技能精准帮扶培训班项目，为镇宁县培养了一批本土性人才；通过落实职业院校教师素质提高计划国家级培训贫困县和偏远地区学校精准培训项目，为经济发展相对落后的县城和偏远地区学校如衡阳中蓝航空科技学校、湖南省工业贸易学校、冷水江工业中等专业学校、涟源市工贸职业中等专业学校、临澧县职业中专学校、双峰县职业中专学校、张家界航空职业技术学院等提供教师教育教学能力提升的精准培训。

（二）保证模块化课程设置的合理性、针对性

课程是实现培训技能型人才目标的核心载体，需要确保课程设置的针对性。职业培训对象具有差异性，需要兼顾培训个体的实际发展情况。职业培训是一种面向人人的教育类型，具有终身教育的特征，进入门槛比较低、受教育水平普遍不高。职业培训具有鲜明的就业导向，侧重对培训项目的操作技术技能的训练与应用。一方面，农村地区群众的文化观念相对落后，在脱贫方面存在“等”“靠”“要”的思想，对相对贫困原因缺乏正确的认知；另一方面农村地区相对贫困群众的受教育文化水平普遍不高，眼界视野比较狭隘，在接受专业技能培训、提升技能水平过程中面临学习上的困难和能力的不足。基于此，需要职业院校本着立德树人、以人为本、促进就业的原则，着力构建“深入浅出、循序渐进、层次分明、实践导向”特色的“扶志＋扶智＋扶技”模块化课程体系。以“志＋智＋技”模块化课程体系为载体，逐步引导文化水平比较低的贫困劳动力开阔视野、更新观念，掌握一门适合当地产业结构发展需要的技术技能。

（三）提升项目教学内容之于学生发展的适切性

在技能培训教学中，要考虑农村地区群众现有个人文化水平和现实情况，着力破解相对贫困人口文化素质相对偏低的现实困境。农村地区的相对贫困群众大部分只具有高中、初中文化水平，他们大多数在城市中从事着技术水平比较低的工作，他们的文化基础限制了他们接受专业技能的学习能力。因此，培训教学内容一方面要考虑到相对贫困学员以及部分农村群众的接受能力，不断优化课程教学内容，将课程内容的实用性与针对性紧密结合，提升课程吸引力，提高相对贫困学员的理解能力，务必实现专业理论课能够以通俗易懂的方式传授给贫困学员。同时，要将信息化技术融入教学，利用多媒体技术形象生动地呈现教学内容，丰富课程教学内容，拓展教学内容的边界，提高定向培训的教学效果。

四、精准识别定向培训的帮扶对象，助力提升可行能力

定向培训精准帮扶的“六精准”主要指帮扶对象精准、项目安排精准、资金使用精准、措施到户精准、因村派人精准、帮扶成效精准。职业院校是精准

帮扶的重要主体，治理相对贫困、走向乡村振兴是定向培训精准帮扶的价值旨归。从面向区域的产业帮扶、基础设施帮扶到针对相对贫困者个体的职业能力帮扶，体现了精准帮扶的价值鹄的。职教集团精准帮扶是面向相对贫困者个体，通过职业教育和培训提升其受教育水平及职业能力，实现脱贫致富。“精准”主要体现在相对贫困对象的精准识别与帮扶措施精准。精准识别相对贫困对象，针对相对贫困者开展能力帮扶，是开展精准帮扶的关键和前提。在精准识别相对贫困对象及其相对贫困原因基础上，职业院校才能因人而异采取针对性的帮扶措施。

建立相对贫困的动态识别标准，提升相对贫困治理的精确度。相对贫困标准的制定是构建相对贫困长效治理机制的前提和基础。关于相对贫困标准的制定，现有研究以收入作为核心衡量标准，依据居民人均收入和收入中位数等作为基数划定相对贫困线，具有一定借鉴意义。但从前文的测度结果可以看出，脱贫攻坚任务完成之后，虽然全国居民的收入贫困现象得到了较大程度的缓解，而在教育年限、医疗服务和医疗保障等维度仍然存在较深的资源剥夺。因此，职业院校在制定相对贫困帮扶标准时，应将除收入以外的教育、医疗和住房等基本需求维度纳入相对贫困标准的识别体系，制定多维相对贫困的帮扶标准。例如，首先以单个指标中位数的一定比例来设置每个指标的相对贫困阈值，测算单个指标的相对贫困状况，再设置跨维度的相对贫困阈值，运用 AF 方法测算多维相对贫困状况。另外，考虑到我国区域发展差异和相对贫困的区域性、动态性等特征，各省市区可以根据当地经济社会发展水平，制定适合本地区的相对贫困标准，并以一定年限为周期，实施动态调整①。

五、提高定向培训帮扶质量，培养农村实用技术人才

职业教育定向培训作为农村地区巩固脱贫成果与促进乡村振兴的手段，肩负着培养农村实用人才、振兴乡村文化、促进乡村产业发展的时代使命，其必先保证手段的有效，那么职业培训质量成为实现目标的关键，必须加强自身建设，提高职业教育办学质量。

引进专业技术人才，提升双师型师资质量。当前，农村职业教育师资力量

① 焦克源，陈国斌，方圆. 多维贫困视角下精准扶贫的成就与展望——基于中国家庭追踪调查数据的实证［J］. 青海民族研究，2020（4）：41－53.

薄弱是不争的事实，生存环境和工资待遇造成优秀师资的流失和专业技术人才的匮乏，其中专业技术人才缺乏已成为制约农村职业教育发展的主要因素。职业教育开设的课程及实训教学的特殊性需要更多的双师型师资，应加大对职业学校师资软实力的支持，不断引进或招聘专业技术人才，同时提高专业技术人才的工资待遇，留住人才。在师资数量层面，要多渠道拓展职业院校师资来源，强化与当地龙头企业的技术合作，积极引进企业能工巧匠到校担任兼职教师，弥补职业院校双师师资队伍短缺问题。在师资质量层面，要着手构建师资队伍的终身培训体系。打造职前培养、职中培训、在职研修三位一体的师资培养体系，满足师资队伍多样化的技能需求。在开展师资培训过程中，优化培训内容，注重将理论知识与实践技能紧密结合，提高教师的知识迁移能力。在考核评价制度方面，积极开展针对性的技能考核评价活动，以着力提升教师队伍的整体质量。

六、建立健全振兴机制，保障定向培训帮扶模式实施

农村地区已脱贫者的可持续发展能力相对较弱，脱贫后的部分脱贫者是返贫困风险较高的群体。在脱贫攻坚大力帮扶的情况下，脱贫者在政策红利支撑和内在勤奋劳作下走上了小康生活，一旦政策支持力度减弱或政策红利消失以及意外事件发生，部分抗风险能力弱的已脱贫者极易因病返贫、因教育支出返贫、因经济自然灾害风险返贫等。在此意义上，治理相对贫困意味着防止脱贫者返贫是一项长期的任重而道远的艰巨性事业，防止贫困者返贫由脱贫攻坚的阶段性任务演变为多维贫困的常态化治理，需要建立预防脱贫人口返贫的长效机制。如此，预防脱贫人口返贫应与乡村振兴的常态化工作衔接。预防脱贫人口返贫是乡村实现振兴的前提条件和物质基础。

建立预防脱贫人口返贫困的长效机制意味着，脱贫攻坚时期的帮扶力量及制度需要保留及有序撤出和创新。脱贫攻坚对接乡村振兴需要一个过渡衔接期，在此期间，一些巩固脱贫成果好的措施及做法应予以保留和延续，一些卓有成效的帮扶力量及组织应给予政策支持，部分帮扶制度继续沿袭，做到摘帽后继续帮扶、扶上马继续扶一程，持续提升民族地区脱贫者的内在改造能力和可持续发展能力。同时，跟踪脱贫者发展情况，建立常态化的返贫预警监督机制。帮扶组织部门定期走访脱贫者，关注脱贫后的发展现状，获取脱贫者家庭经济、教育、就业等发展信息，及时掌握脱贫者再次返贫的风险及情况。一旦发现脱

贫者出现返贫迹象，及时采取精准的帮扶措施，从县域层面消解返贫风险，夯实乡村发展与振兴的基础。

概而言之，职业教育定向培训帮扶模式的具体实施不仅需要多主体协作，还需要采取多举措予以保障，需要政府、行业企业给予深度支持。

后 记

《定向培训：职业教育在乡村振兴中的发展进路》为湖南省哲学社会科学基金“2025湖南智造”高职项目2019年度课题“职教集团实施精准扶贫的策略与机制研究”（项目编号：19YBG004）的研究成果。

在课题研究过程中，得到湖南省哲学社会科学规划基金办公室、长沙航空职业技术学院管理学院、发展规划处等部门的指导和支持。在课题行动研究过程中，以学院联合镇宁县政府、航空工业集团贵州飞机有限责任公司、厚诚发科技有限公司开展的机维修部附件加工制造基本技能精准帮扶培训班项目个案研究为依托，探索职业教育服务乡村振兴的定向培训模式，得到长沙航空职业技术学院管理学院院长、原继续教育与培训学院院长吴巧洋的大力支持。此外，在撰写著作过程中，温宝琴、谢盈盈为本书贡献了诸多智慧。

最后，感谢爱人女儿的理解和双方父母的支持，我才得以在节假日全身心投入书稿的撰写工作！

高树平

2023年1月